중세 기사의 전투기술

The Martial Arts of the Medieval knight

(캐슬 틴타겔 대표)
제이 에릭 노이즈, 마루야마 무쿠 지음
김정규 옮김

by Jay Eric Noyes(Head Instructor, Castle Tintagel)
& Muku Maruyama

AK TRIVIA BOOK

목차 CONTENTS

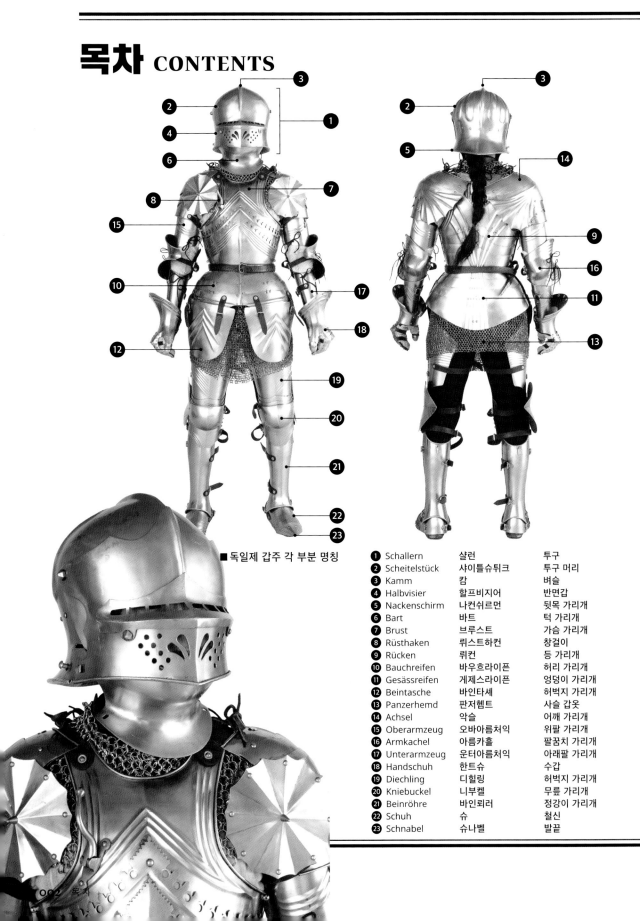

■ 독일제 갑주 각 부분 명칭

들어가며

┃ '기사도' 세계에 오신 것을 환영합니다

당신은 기사가 되고 싶으십니까?

답이 '예스'라면, 축하드립니다! 이렇게 좋은 시대에 태어난 당신은 정말 운이 좋습니다.

왜냐하면 인터넷 시대가 시작되면서 전 세계에 흩어져 있던 검과 갑옷, 역사를 사랑하는 사람들이 거리를 뛰어넘어 서로 이어지고, 지식을 공유하고 격려하는 것이 예전보다 훨씬 용이해졌기 때문입니다.

그중에서도 HEMA(Historical European Mrtial Arts) 그룹의 활약은 특히 주목할 가치가 있습니다. 지금 구미 각국에서는 다양한 사실 재현 이벤트와 갑옷을 착용하고 싸우는 대규모 토너먼트가 왕성하게 열리고 있으며, 그 많은 것들이 그들의 공헌 덕분이라고 해도 과언이 아닙니다.

그중에서 저 제임스 노이즈는 모국인 미국에서 창설 이래 20년 이상에 걸쳐 HEMA에 소속되어 지식과 정보를 축적해왔습니다. 이 책에서 소개하는 기술은 전부 저와 전 세계 HEMA 연구가들의 노력에 바탕을 둔 것입니다.

간단히 '기사의 싸움'이라고 말하지만 그 세계는 상당히 깊이가 있고 다양합니다. 이것들을 총괄하는 학문의 명칭으로서, 저는 일본어의 '기사도'라는 말을 선택했습니다. 이 책은 당신이 기사도의 기술과 철학을 배우고, 기사로 가는 길을 걸어가기 위한 첫걸음이 될 것입니다.

┃ 왜 지금 '기사도'인가

그런데 당신은 의문을 품을 수도 있습니다.

"왜 이제 와서 기사도?"냐고.

"호신술이라고 하기에는 아무리 봐도 시대에 뒤처졌고⋯."

"연습하기 힘들 것 같아⋯."

"갑옷이나 방패 같은 특별한 장비를 준비해야 할 것 같은데⋯?"

모두 지당하신 의견입니다. 하지만 그래도 저는 당신에게 이 무도를 강하게 권유합니다. 왜냐하면 위에서 말한 사정들을 감당해도 좋을 만큼 기사도에는 좋은 점들이 잔뜩 있기 때문입니다.

하나— 모든 스포츠가 그렇습니다만— 좋은 운동이 됩니다.

둘— 모든 격투기가 그렇습니다만— 자신감이 생기고 스스로에 대한 만족도가 크게 향상됩니다.

셋— 모든 전통 무도와 마찬가지로— 이것은 상당히 지적이고 철학적인 스포츠입니다.

그렇다면 다른 스포츠, 격투기, 무도라도 좋지 않을까요? 그렇습니다. 하지만 기사도의 좋은 점은 그것만이 아닙니다.

이 책을 펼쳐본 당신은 아마도 어릴 적에 판타지나 공상과학영화(SF)에 푹 빠졌거나, 수많은 모험영화에 탐닉했던 적이 있을 것입니다. 기사나 전사로서 싸우고 싶다, 어깨에 갑옷의 무게를 느끼며 양손검을 또는 폴 액스를 실제로 휘둘러보면 어떤 느낌일까? 하는 호기심에 그 세계를 꿈꿨던 적이 있으시겠지요?

기사도는 그야말로 당신의 그런 꿈을 실현해주는 스포츠입니다! 상상해보십시오. 픽셀과 패러미터로 구성된 가상 갑옷이 아니라, 감촉도 무게도 전부 진짜인 갑옷을 입고서 시합장에 서 있는 자신의 모습을. 어떠십니까, 가슴이 두근거리지 않나요?

또 하나, 판타지나 SF, 모험 이야기에는 뜻을 같이하고 자극적이며 재능과 지식이 풍부한 개성적인 동료들이라는 빼놓을 수 없는 요소가 있습니다. 기사도는 당신의 그런 꿈을 이루어드립니다.

현재 제가 주재하는 두 개의 기사도 단체 캐슬 틴타겔[1]과 재팬 암드 배틀 리그[2]에서는 다양한 분야에서 활약하고 있는 재능이 넘치는 사람들이 모여 있습니다. 만화가와 작가, 일러스트레이터와 디자이너 등의 크리에이터 계열 직업부터 의료 종사자, 시스템 엔지니어, 교육 관련 업체 종사자, 유통업부터 국가 공무원까지 업종도 연령도 성별도, 그리고 국적도 다양한 사람들이 같은 것을 배우기 위해 모여 있습니다.

전통적인 무도와 달리 활기 넘치는 이 공기를 당신도 꼭 한번 느껴보세요.

함께 기사가 되기를 꿈꾸는 사람으로서 언젠가, 어디선가 당신을 만나게 되기를 기도하겠습니다.

[주1] 일본에서 유일한 본격적인 서양 중세 검술을 배울 수 있는 스쿨. 자세한 것은 199쪽.
[주2] 이 책의 저자 제이 에릭 노이즈가 일본 국내에서 아머드 배틀 공식전을 치르기 위해 창설한 리그. 2013년부터 활동 개시.

Part 1

기사도 기초 지식
Basic Knowledge

HEMA, 기사도, 배틀

기쁘게도 최근 몇 년 동안에 일본에서도 역사적인 무술을 배우는 사람들이 늘어났습니다. 그 결과 다양한 사람들이 제각기 편한 대로 이 새로운 경기를 찾게 되었습니다. 소위 말하는 'HEMA', '기사도', '아머드 배틀', '헤비 파이트' 등등.

이 장에서는 그중에서도 특히 중요한 용어에 대해 설명하겠습니다.

◆ HEMA

HEMA는 'Historical European Mrtial Arts(역사적 유럽 무술)'의 줄임말로, 세계 긱지에서 이 무술과 관련된 사람들이 널리 사용하는 명칭입니다.

창시자로부터 제자에게, 또 그 제자에게로 계속 이어져온 아시아 세계의 무도와 달리, 중세 유럽 무술은 근대 이전에 한 번 단절되고 말았습니다. 그래서 이것을 복원하기 위해서는 오래전 그 무도를 실행했던 시대에 기록한 사료나 후대 연구가들이 작성한 문언, 당시의 그림과 조각 등 예술 작품의 연구와 검증이 필요불가결합니다.

현재 복원된 당시의 무술 중에서 가장 유명한 것은 독일의 리히테나워 스타일과 이탈리아의 피오레 디 리베리 유파입니다. 그 밖에 폴란드풍, 발렌슈타인류 등 분파와 세세한 서브 카테고리까지 따지면 그 숫자는 이루 헤아릴 수 없을 정도입니다.

HEMA를 배우는 데서 가장 중요한 것은 각각의 기술을 사료에 기술된 대로 엄밀하게 재현하는 것입니다. 이 작업은 때로는 상당히 곤란하기도 합니다. 그 이유는 당시의 사료를 해독하는 것이 현대인인 저희에게 결코 쉬운 일이 아니기 때문입니다.

그래도 HEMA를 배우는 이는 계속 견뎌야만 합니다. 왜냐하면 책의 기술을 충실하게 지키는 사이에 어느샌가 저자의 의도를 판명하게 되는 날이 찾아오기 때문입니다. 때로는 그것이 갑작스럽고 충격적인 계시라는 형태로 찾아오기도 합니다만, 대부분은 근면함과 끈기를 통해서 얻게 됩니다.

HEMA를 배우는 이는 항상 열린 마음을 가져야만 합니다. 예를 들어 어떤 그룹이 어떤 기술에 대해 일정 부분 해석하고, 그 해석에 기반한 연습과 스파링을 오랫동안 이어왔다고 가정합니다. 그런데 나중에, 그 기술에 대한 좀 더 정확하고 뛰어난 해석이 발견되는 경우가 있습니다. 새로운 해석이 학술적으로 뒷받침된다면 그룹의 해석도 거기에 맞춰서 변경해야만 합니다. 각각의 연구자나 그룹의 ('우리 해석만이 옳다'라는 등의) 자존심이 당시의 기술을 더 잘 이해한다는 목표를 방해해서는 절대로 안 됩니다.

◆ 기사도

'Chivalry'를 번역한 기사도라는 말에는, 19세기 유럽에 보급되었던 로맨틱한 부분만이 과도하게 강조된 기사도 문화라는 이미지가 있습니다.

하지만 저는 이 말을 일련의 학과 커리큘럼을 가리키는 용어라고 재정의했습니다.

여기서 말하는 기사도에는 HEMA를 비롯해서 당시에 사용한 다양한 무기의 연구, 기사로서 싸우기 위해 필요한 철학과 트레이닝, 전투 이론, 이론의 실천으로서의 스파링 등이 포함됩니다.

파이터들은 역사적인 기술을 배워야 합니다. 그리고 HEMA로서 실천하는 이상, 싸움에서는 역사적으로 존재했던 기법을 솔선해서 사용해야 합니다. 단, 사료나 문헌으로 감당할 수 없는 부분에 대해 기사도는 지금 있는 정보를 어떤 것이건 활용합니다. 기사도는 성장하고 있는 학문입니다. 그 이유는 매년 새로운 HEMA를 발견하고, 번역하고, 새로운 역사관과 고찰이 태어날 때마다 변화와 성장을 거듭하기 때문입니다.

현재의 기사도는 주로 독일의 리히테나워를 시조로 삼는 검술에 초점을 두고 있습니다만, 장래에는 이탈리아 검술을 포함한 다른 스타일도 스킬 베이스에 추가하고 싶습니다. 이것은 독일 스타일과 이탈리아 스타일을 혼합하겠다는 뜻이 아니라, 이탈리아 스타일이라는 과목이 새롭게 늘어난다는 의미입니다.

◆ 배틀

마지막으로 배틀입니다만, 이것은 기사도의 전투 훈련으로서 행하는 다양한 스파링 시스템을 가리킵니다. 기사도에서는 기사도 그 자체와 그 훈련으로서 행하는 스파링 시스템을 명확하게 다른 것으로 취급해야만 합니다.

스파링에는 룰과 제한이 필요합니다. 그렇지 않으면 시합 중에 부상이나 사망 사건이 발생하는 것을 피할 수 없습니다. 그런 의미에서 스파링은 절대로 진짜 싸움이어서는 안 되는, 본질적인 결함을 내포했다고 할 수 있을 것입니다.

그런데 스파링을 계속하다 보면 마치 스파링 자체가 무도 그 자체라고 착각하는 경우가 생깁니다.

실제로 많은 무도에서는 무도 그 자체와 무도의 실천으로서 행하는 스파링 시스템이 구분하기 힘들게 맺어져 있습니다. 복싱을 예로 들어보면, 여러분이 '복싱'이라는 말을 들었을 때 제일 먼저 생각나는 것은 사각형 링과 글러브를 착용한 복서가 아닐까요. 처음 탄생했을 때는 맨손으로 했던 복싱이 시대의 변화에 따라 규칙을 정비해서 현재의 스타일이 됐습니다. 그래서 현대의 복서들은 링에서 싸우는 테크닉과 커다란 복싱 글러브 사용을 전제로 한 공격과 방어 기술을 연마합니다.

처음에는 진짜 검으로 싸웠던 펜싱도 지금은 경기에 사용하는 검이 자세하게 규정되어 있습니다. 올림픽 펜싱 경기에서 사용하는 상당히 유연한 가는 검은, 그 검이 없으면 성립할 수 없는 다양한 테크닉을 만들어냈습니다.

어느 경우건 그 경기를 하는 사람들이 한정된 규칙 안에서 경쟁력을 높이기 위해 절차탁마한 결과, 근본이 된 무도가 아니라 스포츠의 형태로 변화한 게임의 플레이어로 진화했다는 것을 이해했으리라고 생각합니다.

이런 사태를 피하기 위해서 기사도에서는 학술적, 연구적인 측면과 기술의 실천으로서 행하는 스파링 시스템을 명확하게 구분해서 정의했습니다. 기사도 수업에서는 당시에 사용했던 역사적인 테크닉을 배우고 배틀에서 그 스킬을 실천합니다.

앞에서도 말씀드렸던 것처럼 규칙과 규정이 있는 이상 스파링은 결코 진짜 싸움이 될 수 없습니다. 그래도 다양한 룰 세트를 설정해서, 파이터들은 중요한 스킬을 연습할 기회를 얻을 수 있습니다.

배틀에는 평복 싸움을 상정한 **라이트 배틀**과 갑옷을 착용하고 싸우는 **아머드 배틀**이 있습니다.

　라이트 배틀에는 펀치, 킥, 던지기를 사용하지 않는 **비기너 룰**과 그것들을 전부 허가하는 **어드밴스 룰** 외에 **퍼스트 터치 룰**처럼 승리 방식을 규정한 룰 세트가 있습니다. 각 룰의 자세한 내용은 187쪽의 부록을 참조하세요.

　아머드 배틀의 룰 세트는 크게 구분해서 당시 기사의 실전 테크닉에 좀 더 가까운 전투 방식이 가능한 **갑옷 전투**(Harnischfechten)와 중세의 토너먼트를 따라한 **부허트**(Buhurt) 스타일로 구분됩니다.

　갑옷 전투에서는 찌르기나 급소 공격, 쓰러진 적을 공격하는 것이 제한적으로 허가되는 대신, 안전성을 고려해서 라탄으로 만든 시뮬레이터(검이나 창 모양의 연습용 도구)를 사용합니다.

　부허트에서는 철제 시뮬레이터를 사용하지만, 실전이 아닌 시합으로서 디자인되었기에 찌르기나 급소에 대한 공격, 쓰러진 적에 대한 공격은 일절 금지입니다.

　갑옷 전투와 부허트의 자세한 규칙에 대해서는 188쪽의 부록을 참조해주세요.

　배틀은 기사도의 스포츠, 경기적인 측면입니다. 배틀을 통해서 기술을 연마하고 자신의 탁월함을 추구하는 때에도 기사도의 본질에 성실해야 하며, 역사적인 유럽 무도를 연습하고 재현하는 것에 대한 진지한 자세를 항상 유지해야 합니다.

■ 기사도와 배틀의 상관도

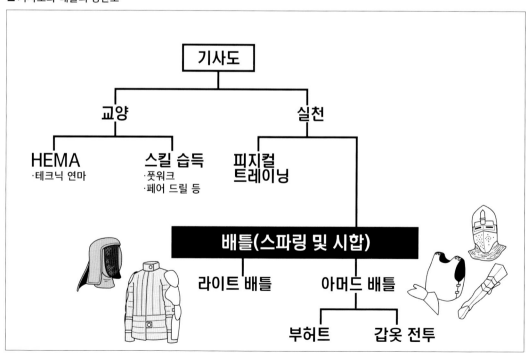

갑옷의 레벨과 싸우는 방법 차이

영화에 등장하는 기사의 싸움은 상당히 드라마틱합니다. 검과 방패를 요란하게 부딪치고, 클라이맥스에서는 주인공이 헬멧을 벗어 던지고 멋진 대사를 외칩니다.

이런 것들은 어디까지나 이야기를 위한 연출이고 멋있기는 하지만 역사에 충실하다고 할 수는 없습니다. 정확하지 않은 이미지 이야기는 이쯤 하고, 먼저 현실적인 갑옷 이야기부터 시작해보겠습니다.

기사의 몸을 지키는 장갑의 레벨은, 아래쪽은 갑옷을 전혀 착용하지 않은 것부터 위쪽으로는 전신 플레이트 아머를 착용한 중장비까지 그러데이션 형태로 존재합니다. 그리고 모든 기사가 전신을 같은 강도의 부품으로 코디네이트했던 것은 아닙니다.

예를 들어서 어떤 기사는 강철로 만든 강한 헬멧(방어력 높음)을 썼지만, 몸통 부분은 사슬갑옷만(방어력 보통) 입었고, 다리에는 아무것도 착용하지 않은 경우(방어력 없음)도 일상다반사였습니다.

이런 사태가 벌어지는 이유도 다양합니다. 기사들의 금전 사정도 제각각이었고, 산업 발달 정도나 재료 조달 가능 여부도 지방에 따라 달랐기 때문입니다.

입는 사람에게는 갑옷 그 자체의 쾌적성이나 편리성도 큰 문제입니다. 아무리 강도가 높은 갑옷이라도, 착용감이 극단적으로 불편하거나 실용성이 없다면 도움이 안 됩니다. '완전한 보호는 완전한 부동(不動)'이란 말은 제가 만든 격언입니다만, 온몸을 빈틈없이 지키려면 몸 전체의 중량이 늘어나는 것은 물론이고 겨드랑이나 무릎 뒤쪽 등의 가동 부분까지 가리게 되는데, 이건 완전히 주객전도입니다.

누가 어떤 상황에서 착용하는지에 따라서도 갑옷의 조합이 달라집니다.

가난한 성에서 하루 종일 보초를 서야 하는 위병은 겨우 체면치레나 하는 투구에 솜을 채운 재킷만 착용했을지도 모릅니다. 전장으로 가는 선임 병사는 긴 행군 동안 자기 물건을 전부 직접 짊어지고 가야 한다는 점을 고려해서 투구와 가슴 갑옷만 챙겼을지도 모릅니다. 짐을 전부 말에 실어서 미리 전장에 보내둘 정도로 재력이 있는 기사만이 머리부터 발끝까지 아름다운 갑옷을 착용할 수 있었겠죠.

갑옷, 즉 방어력의 레벨이 달라지면 당연히 거기에 걸맞은 전술과 스킬이 필요하게 됩니다. 그때그때 상황에 따라 어떤 테크닉을 사용하는 것이 최선인지는 연구자마다 의견이 분분하지만, 여기서는 기사의 방어력을 다음과 같은 3단계 레벨로 구분해서 설명하겠습니다.

[1] 갑옷 미착용 Unarmored

옷만 입은 상태입니다. 당신의 상대가 이 상태라면 다음 세 가지 공격이 유효합니다.

타격 : 치명상을 입힐 기회 큼. 힘보다 컨트롤이 중요.
찌르기 : 치명상을 입힐 기회 큼. 단, 정확히 노려야 함.
베기 : 이것만으로 치명상을 입힐 기회는 가장 적음.

갑옷을 안 입은 상태의 싸움에서는 상대를 신속히 쇠약하게 만드는 공격이 종종 등장합니다. 상대를 약하게 만들어서 전력과 저항력을 줄이는 것이 상당히 중요하기 때문입니다.

갑옷을 입지 않고 하는 싸움에서는 거리를 두고 마주 본 상태에서 파고들거나, 지근거리에서 서로의 칼이 교차한 상태(바인드)에서, 상대의 무기를 컨트롤하면서 이루어집니다.

갑옷 없음

[2] 경장비 Lightly Armored

천과 가죽으로 만든 갑옷부터 사슬갑옷까지 정도의 갑옷을 가리킵니다. 이 상태의 상대에게는 다음 두 가지 공격이 유효합니다.

강력한 타격 : 갑옷 너머로 상대에게 대미지를 줄 만큼 강한 위력이 필요.
유효한 찌르기 : 갑옷을 관통할 만큼 강력한 찌르기, 또는 갑옷 이음매나 갑옷으로 가리지 않은 부분을 노리는 찌르기만이 유효.

갑옷을 착용하지 않은 상태와 달리, 베기는 갑옷으로 가려지지 않은 곳을 정확히 노리지 않는 이상, 상대에게 거의 영향을 미치지 못합니다.

경장비 상태 싸움에서는 필연적으로 근접전이 많아집니다. 일단 가까이 다가가면 서로가 이탈하기 힘들어지고, 레슬링으로 이어질 가능성도 커집니다.

경장비 : 사진은 솜을 넣은 재킷 위에 사슬갑옷을 장비한, 경장비 중에서도 비교적 방어력이 높은 예. 다리에는 갑옷을 착용하지 않았다. 싸울 때는 머리에 투구를 쓴다.

[3] 중장비 Heavily Armored

사슬갑옷 위에 코트 오브 플레이트[3]를 착용한 스타일과 플레이트 아머를 가리킵니다. 이 상태의 상대에게는 다음과 같은 공격만이 유효합니다.

갑옷이 몸을 보호하지 못하는 부분에 대한 찌르기 : 손바닥, 경부, 서혜부, 무릎 뒤쪽, 겨드랑이 등.

이 상태의 상대에게 타격은 거의 통하지 않지만, 그렇다고 전혀 의미가 없는 것도 아닙니다. 예를 들어 머리에 강렬한 타격을 주면 순간적으로 상대가 의식을 잃을 수도 있고, 집중력을 흐트러트릴 수도 있습니다. 그리고 팔꿈치 등의 관절과 갑옷 이음매를 노린 타격은, 상대의 신체와 갑옷에 대미지를 줄 수 있습니다.[4] 베기는 완벽한 상황에서 완벽한 부위를 노린 것 외에는 전부 효과가 없습니다.

위와 같은 이유로 중장비 파이터의 싸움은 신속하게 접근전으로 이행합니다. 일단 서로 붙으면 이탈이 곤란합니다. 레슬링은 불가피하며, 싸움은 종종 대거(dagger, 길이 10~50cm 정도의 단검-역주)로 목이나 서혜부에 대한 공격 몇 번으로 끝나게 됩니다.

[주3] 천 또는 가죽 상의 안쪽에 작은 판 모양의 금속판을 리벳으로 고정한 몸통 갑옷.
[주4] 경기 룰에서는 안전성을 고려해서 관절이나 상대의 갑옷을 고의로 파괴하는 행위를 금지하고 있다.

중장비 1 : 사슬갑옷 위에 코트 오브 플레이트를 겹쳐 입고, 다리에 판금 갑옷을 착용한 스타일. 싸울 때는 머리에 투구를 쓴다.

중장비 2 : 풀 플레이트

Part 2

기본 스킬
Basic Skills

기본 스탠스
Basic Stance

스탠스란 싸울 때의 발 위치와 자세입니다.

올림픽 펜싱처럼 일대일 스포츠 파이팅이라면 경기자는 정면에 있는 적에게만 집중하면 되기에, 그 자세는 종종 런지(한쪽 발을 크게 앞으로 네디딘 자세)가 됩니다. 하지만 다음에 어디서 공격이 날아올지 모르는 상황이라면, 그런 자세로는 대응할 수 없습니다.

여기서는 지면 상황이 좋지 않은 전장에서 싸우는, 또는 혼자서 복수의 적을 상대하는 불안정한 상황에서도 유연하게 대응할 수 있는 스탠스를 배워보겠습니다.

먼저 사진을 보면서 기본 스탠스를 따라해보세요. 처음 하시는 분은 거울을 보면서 자세를 확인하면 좋습니다.

1. 발끝이 정면으로 가도록 두 다리를 모으고 섭니다.

2. 오른발 끝을 대각선 45도로 벌리고, 그대로 대각선 45도 뒤쪽으로 빼줍니다. 이때 다리 폭은 자기 어깨 폭 정도.

3. 무릎을 살짝 구부려서 허리를 낮춰줍니다. 뒤꿈치는 살짝 띄워서 양쪽 발끝에 체중을 실어줍니다. 중심은 벌리고 있는 두 발의 중심에 오도록 하고, 정수리에 연결된 실로 천장에 매달려 있는 것 같은 느낌으로, 허리는 자연스럽게 펴주세요.

4. 이때 양쪽 무릎은 발끝과 같은 방향을 향합니다. 무릎과 발끝 위치가 어긋나면 다양한 부상의 원인이 됩니다.

a) 엉덩이를 뒤로 빼서 몸이 앞으로 움츠러들었다.

b) 무릎이 안쪽으로 들어가서 발끝이 정면으로 향하지 않았다.

c) 몸이 뒤로 젖혀졌다.

d) 등이 구부정해졌다.

e) 무릎을 똑바로 폈다.

f) 중심이 한쪽으로 쏠렸다.

기본 발놀림
Basic Footwork

검과 방패를 다루는 상반신 테크닉에 비해 하반신 테크닉인 발놀림을 과소평가하는 경향이 있습니다. 실제로는 발놀림이야말로 검술의 핵심이자 숙달하기 힘든 기술이기도 합니다.

기사도의 기본적인 발놀림에는 **스텝, 패스, 슬로프 패스** 세 종류가 있습니다.

순서대로 배워보겠습니다.

스텝 Step

앞발이 먼저 나가는 발놀림입니다. 스텝을 마친 뒤에도 앞발과 뒷발의 위치 관계는 달라지지 않습니다.

기본 스탠스로 섭니다.　　　　　왼발을 앞으로 내디딥니다.　　　　　오른발을 당겨서 기본 스탠스로 돌아갑니다.

| 흔한 실수 Common Mistakes

a) 스텝으로 이동할 때마다 몸이 위아래로 흔들린다.

b) 균형을 잡지 못해서 스텝으로 이동할 때마다 몸이 앞뒤로 흔들린다.

c) 앞발 무릎과 발끝이 정면으로 향하지 않았다.

| **패스** Pass

보통의 걸음과 마찬가지로 뒷발이 먼저 앞으로 나가는 발놀림입니다. 앞발과 뒷발의 위치가 번갈아서 바뀝니다.

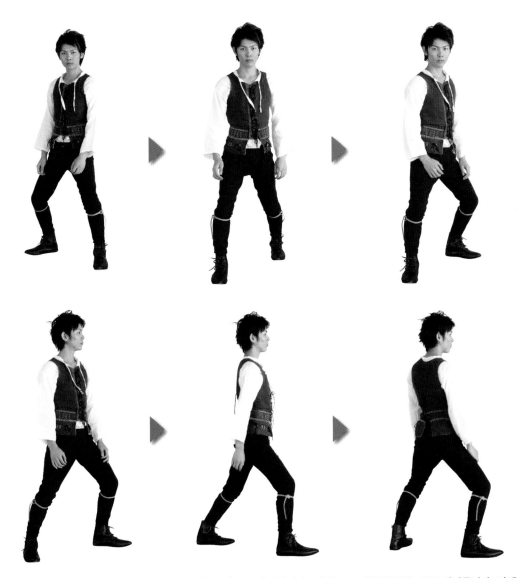

기본 스탠스로 섭니다.

오른발을 앞으로 내디딥니다. 이때 발끝은 양쪽 모두 정면으로 향합니다.

왼쪽 발끝을 45도 벌려줍니다. 이때 뒤꿈치는 바닥에 닿지 않게 합니다. 발끝만으로 몸을 돌려주세요.

| 흔한 실수 Common Mistakes

d) 패스로 이동할 때마다 몸이 위아래로 흔들린다.

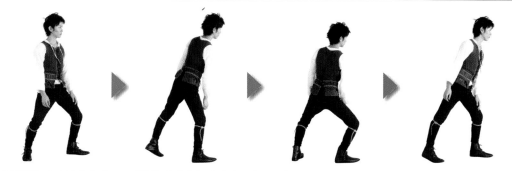

e) 균형을 잡지 못해서 패스로 이동할 때마다 몸이 앞뒤로 흔들린다.

f) 무릎이 안쪽으로 들어갔다.

g) 뒷발을 앞으로 내디딜 때 바깥쪽으로 빙 돌리면서 내디딘다(카우보이 걸음걸이).

슬로프 패스 Slope Pass

스텝과 패스로 이동한 뒤에는 몸이 정면으로 향하지만, 슬로프 패스로 이동한 뒤에는 몸 방향이 대각선 45도로 바뀝니다. 돌진해오는 적이나 상대의 무기 궤적을 피할 때 편리한 발놀림입니다. 앞발과 뒷발의 위치가 번갈아서 바뀝니다.

시작 위치

기본 스탠스로 섭니다.

오른발을 대각선 45도, 자기 시점에서 봤을 때 오른쪽 전방으로 크게 내디딥니다. 이때 발끝은 양쪽 모두 정면으로 향합니다.

왼발을 당겨서 발끝을 45도 벌려줍니다. 이때 뒤꿈치가 아니라 발끝으로 돌아주세요. 이것으로 처음 위치에서 오른쪽 대각선 45도 전방으로 이동했습니다.

| **흔한 실수** Common Mistakes

h) 뒷발을 너무 당겨서 몸이 꼬였다.

i) 앞으로 내디딜 때 허리를 너무 편 탓에 결과
적으로 몸이 위아래로 흔들린다.

j) 착지했을 때 앞쪽 무릎이 돌아가 있다.

k) 뒷발을 질질 끈다(사진 없음).

다섯 가지 스킬 카테고리

5 Skill Categories

자, 이제부터 기사가 되기 위한 트레이닝을 시작하겠습니다.

이 책에서는 기사의 전투 스킬을 다음과 같은 다섯 가지 카테고리로 구분했고, 각각 파트로 구분해서 설명합니다.

1. **레슬링**(격투)
2. **대거**
3. **한손검과 방패**
4. **양손검**
5. **폴암과 창**

각 파트마다 '서론'에서 그 스킬의 기본적인 사고방식과 무기 잡는 방법, 기본 자세를 설명하며, '기본 공격'에서 초보자가 먼저 알아둬야 할 공격 동작을 소개합니다. '응용 공격'에 있는 테크닉은 당신이 연습을 거듭하면 언젠가는 이런 기술도 사용할 수 있게 된다는, 목표를 보여드리기 위해 게재했습니다. 일단은 '기본 공격'에 있는 기술을 제대로 구사할 수 있을 때까지 반복해서 연습해주세요.

Part 3

레슬링(격투)
Wrestling

서론
Introduction

영화나 이야기에서는 갑옷을 착용한 기사들이 맨손으로 붙잡고 싸우는 장면이 거의 나오지 않습니다. 하지만 실제 기사들은 어릴 때부터 레슬링(격투)을 연습했습니다.[5] 레슬링은 그들의 스포츠인 동시에 전투 훈련이기도 했기 때문입니다.

중세의 결투 대부분이 최종적으로는 대거를 사용한 레슬링으로 결판을 냈다고 전해집니다. 패자의 갑옷 틈새를 대거로 찔렀고, 목이나 급소에 자상을 잔뜩 입어서 사망했습니다.

갑옷을 착용하고 벌이는 싸움은 그 성질상 주로 근접전이 됩니다. 갑옷은 파이터의 방어력을 비약적으로 높여주기 때문에, 종종 치명상을 입히기 전에 상대가 가까이 다가오기 때문입니다. 붙잡혀서 움직이지 못하게 되면, 대거로 숨통을 끊어버리겠죠. 가까이 붙어서 싸울 때 자신과 상대 모두가 공격할 수 있는 자세가 아니라면, 싸움은 상대보다 유리한 위치를 차지하기 위한 레슬링으로 이행하게 됩니다.

최근에 역사적인 무도를 연구하는 많은 그룹들이 시합을 무기로 이용한 싸움으로 한정하고 레슬링을 금지하고 있습니다. 이런 규칙은 격투 경험이 없는 초보자도 안심하고 안전하게 연습할 수 있으며, 당시의 싸움을 (극히 일부이기는 해도) 체험할 수 있다는 귀중한 이점이 있는 반면, '역사적인 무도의 재현'이라는 관점에서 보면 심각한 폐해를 초래할 우려가 있습니다.

왜냐하면 원래는 분명히 행해졌던 레슬링을 완전히 배제한 싸움은 더 이상 역사의 재현이라고 할 수 없고, 그 싸움의 모습이 당시의 모습에서 완전히 동떨어진 방향으로 변화해버리기 때문입니다.

안전성을 충분히 고려하면서도 본래의 싸우는 모습을 바꾸지 않으면서 어떻게 역사적으로 리얼한 싸움을 재현할 것인가? 하는 점에, 저는 항상 절치부심하고 있습니다.

[주5] 중세의 격투 교사로서 가장 큰 영향력을 가졌던 사람은, 15세기 오스트리아의 레슬링 마스터였던 오토 주드(세례받은 유대인 오토)였습니다.

레슬링 기본 개념
Key Concepts

◆ 갑옷 제한 사항 Restrictions in Armor

【1】밸런스 Balance

　갑옷 착용이 익숙하지 않을 때는 평소보다 넘어지기 쉽고 던져지기 쉬워집니다. 왜냐하면 갑옷 착용 유무에 따라 중심의 위치가 달라지기 때문입니다.

　보통 신체의 중심은 남성이라면 배꼽 언저리, 여성이라면 배꼽보다 살짝 아래쪽에 있습니다.

　갑옷을 입으면 중심 위치가 10cm 또는 그 이상 위쪽으로 올라갑니다. 갑옷을 입으면 의식적으로 중심을 아래쪽에 두는 것을 명심해주세요.

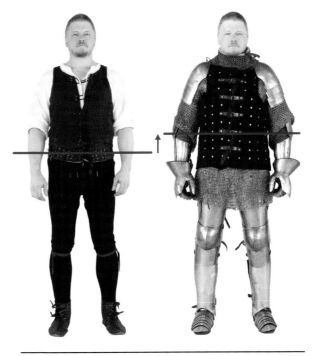

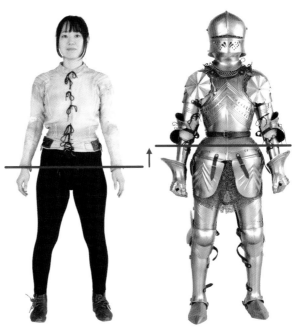

【2】 그립 Grip

건틀릿(중세시대에 전투 또는 마상시합에서 손과 팔뚝을 보호하기 위해 기사들이 갑옷과 함께 착용하였던 긴 장갑-역주)을 착용하면 맨손일 때보다 사물을 쥐기 힘들어집니다. 갑옷 특유의 부품과 돌기 때문에 그립이 곤란해지기도 하지만, 반대로 쉬워지는 경우도 있습니다. 중세에 그려진 그림을 보면 많은 기사들이 건틀릿을 착용하지 않고 싸우는데, 이건 아마도 그립을 조금이라도 더 좋게 하기 위한 것으로 추정됩니다.

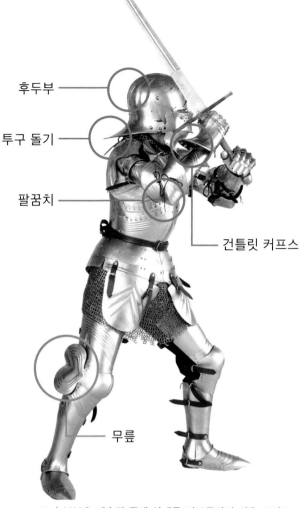

후두부

투구 돌기

팔꿈치

건틀릿 커프스

무릎

○표시 부분은 레슬링 중에 상대를 컨트롤하기 쉬운 포인트입니다.

건틀릿을 착용했을 때는 맨손일 때보다 사물을 쥐기 힘들어집니다.

【3】 시야 Visibility

투구를 쓰면 시야가 상당히 제한됩니다. 레슬링을 할 수 있을 만큼 가까워지면 그 범위는 더 좁아지고, 파이터는 눈보다 자신의 신체 감각[6]에 의존해서 싸우게 됩니다. 이런 신체 감각은 싸움을 거듭하면서 키울 수 있습니다.

[주6] 여기서 말하는 신체 감각(proprioperception)이란 눈을 감아도 자신의 팔다리가 어디에 있는지를 알고 움직일 수 있는, 누구나 지니고 있는 감각을 뜻합니다. 거울을 보지 않아도 셔츠 목깃 단추를 잠근다든지 몸 뒤쪽에 있는 끈을 묶을 수 있는 것은 그런 감각이 있기 때문입니다.

이런 클로즈 타입 투구를 쓰면 시야가 상당히 좁아집니다.

◆ 무기를 이용한 레슬링 Weapons as Wrestling Tools

레슬링에서는 롱소드나 폴암 등의 긴 무기를 지렛대처럼 사용해서 상대를 쓰러트릴 수도 있습니다.

하프 소드 레슬링 예
Half-Sword Wrestling

롱소드를 지렛대처럼 사용해서 상대를 쓰러트리는 순간.

※이 기술에 대한 자세한 내용은 '양손 검', 132쪽을 참조해주세요.

폴암 레슬링 예
Polearm Wrestling

폴암도 같은 방법으로 사용할 수 있습니다.

※이 기술에 대한 자세한 내용은 '폴암과 창', 165쪽을 참조해주세요.

기본 그립
Basic Grips

중세 교본 대부분이 레슬링 기술을 그립별로 구분하고 있습니다. 상대의 어디를 잡는지(그립)에 따라서 상대와의 거리와 자세가 달라지고, 거기에서부터 사용할 수 있는 기술도 달라지기 때문입니다. 아래 사진은 기본적인 그립입니다. 상대와의 거리가 가까워지면서 자세가 어떻게 달라지는지 주의하면서 봐주십시오.

팔 그립과 몸통 그립 Grip at the Arms and Grip at the Body

| 1 한 팔 그립 Single Arm Grip | 2 두 팔 그립 Double Arm Grip | 3 어깨와 팔 그립 Shoulder-Arm Grip | 4 몸통 그립 Grip at the Body |

기본 공격 1 상대의 사타구니를 노리는 발차기
Groin Kick

중세의 싸움에서는 상대의 무릎이나 급소를 차는 행위가 당연하게 행해졌습니다. 현대 시합에서는 안전을 고려해서 급소나 무릎에 대한 발차기는 금지되고 있습니다. 아래에 소개하는 사진도 사타구니가 아니라 배를 차고 있습니다.

※왕관 마크로 표시된 인물이 이 기술의 시범을 보여주고 있습니다.

원래는 발끝이 아니라 뒤꿈치로 찹니다. 모든 체중을 앞으로 이동해서 사타구니를 차서 밀어버리는 이미지로.

※사진에서는 사고를 방지하기 위해 일부러 중심을 뒤쪽에 두고 찼습니다.

기본 공격 2 상대의 무릎을 노리는 발차기
Knee Kick

　당시의 기술을 소개하고 있습니다만, 이 발차기는 연습과 시합을 불문하고 엄격히 금지됩니다. 또한 사진을 촬영할 때는 상대의 무릎이 다치지 않도록 세심하게 주의를 기울여서, 원래는 앞쪽에 중심을 두고 차야 하지만 일부러 중심을 뒤쪽에 두고서 찼습니다.

※왕관 마크로 표시된 인물이 이 기술의 시범을 보여주고 있습니다.

모든 체중을 앞으로 이동해서 상대의 무릎을 짓밟아버리는 이미지로.

※사진에서는 사고를 방지하기 위해 일부러 중심을 뒤쪽에 두고 찼습니다.

기본 공격 3 헤드 풀
Head Pull in Armor

상대의 머리를 움켜쥐고 잡아당겨서 쓰러트리는 테크닉입니다. 싸우는 중에 상당히 자주 사용하게 됩니다. 갑옷을 입은 상태에서 보도록 하겠습니다.

※왕관 마크로 표시된 인물이 이 기술의 시범을 보여주고 있습니다.

상대와의 거리가 레슬링 레인지(179쪽)까지 가까워졌습니다.

두 팔을 재빨리 상대의 후두부로 뻗습니다.

03

상대의 머리를 꽉 움켜쥐고…

04

상대의 머리를 아래쪽으로 누르면서…

05

빠르게 뒤쪽으로 물러납니다.

기본 공격 4 리프팅 스로
Lifting Throw

상대의 밸런스를 무너트러서 쓰러트리는 테크닉 중 하나입니다. 갑옷을 입은 상태에서는 중심 위치가 올라가기 때문에, 조금만 기울여도 쓰러트릴 수 있습니다.

※왕관 마크로 표시된 인물이 이 기술의 시범을 보여주고 있습니다.

01

양쪽의 거리가 레슬링 레인지(179쪽)까지 가까워졌습니다

02

재빨리 상대의 뒤쪽으로 돌아가서…

03

허리를 낮추고 두 팔로 상대의 배꼽 언저리를 꽉 끌어안습니다. 거기에 중심이 있기 때문입니다. 상대가 여성인 경우에는 남성보다 중심 위치가 낮기 때문에(27쪽 참조) 배꼽보다 약간 아래쪽을 끌어안으세요.

04

허리를 낮춘 상태에서 무릎을 쭉 펴면 간단히 상대를 들어 올릴 수 있습니다. 팔 힘만 가지고 들어 올리려고 하지 마세요. 사진처럼 높이 들 필요가 없어 상대의 발이 조금 뜨는 정도면 충분합니다.

05

발이 떴을 때, 상대의 중심을 흐트러트리는 것처럼 기울이면…

06

상대는 균형을 잃고 쓰러집니다.

응용 공격 1 리어 힙 테이크다운
Rear Hip Takedown

상대의 저항을 이용한 던지기 기술입니다. 갑옷 유무와 상관없이 상당히 자주 사용하는 테크닉입니다.

※왕관 마크로 표시된 인물이 이 기술의 시범을 보여주고 있습니다.

01

어깨와 팔 그립(29쪽)에서 시작합니다.

02

상대의 팔을 붙잡고 대각선 아래쪽으로 당기면, 상대는 여기에 저항하기 위해 반사적으로 몸을 일으키려 합니다.

03

그 타이밍에서 상대의 몸을 꽉 붙잡고 앞으로 내디딥니다. 이때 자기 몸을 상대에게 밀착하고, 자기 엉덩이 바깥쪽을 사용해서 상대 몸이 S자 모양이 되도록 밀어버리는 것이 포인트입니다.

04

상대가 균형을 잃으면…

05

그대로 뒤로 쓰러트립니다.

응용 공격 2 리어 힙 테이크다운 2
Rear Hip Takedown in Armor

같은 기술을 갑옷을 입은 상태에서 보도록 하겠습니다.

※왕관 마크로 표시된 인물이 이 기술의 시범을 보여주고 있습니다.

01

상대가 레슬링 레인지(179쪽)까지 가까워졌습니다.

02

이번에는 헤드 풀(32쪽 참조)에서 시작합니다.

03

상대의 머리를 잡아 내리려고 하면, 상대가 저항해서 몸을 뒤로 젖히려 하니까…

04

그 타이밍에서 상대의 몸을 꽉 끌어안고 앞쪽으로 내디딥니다. 이때 자기 몸을 상대에게 밀착하고, 자기 엉덩이 바깥쪽을 사용해서 상대 몸이 S자 모양이 되도록 밀어버리는 것은 갑옷을 착용하지 않았을 때와 마찬가지입니다.

05

상대의 균형이 무너지면…

06

그대로 쓰러트리면 됩니다.

응용 공격 3 숄더 니 리어 스로
Shoulder-Knee Rear Throw

리어 힙 테이크다운 2와 마찬가지로 헤드 풀에서 시작하는데, 이쪽은 상대의 무릎을 잡아서 쓰러트리는 테크닉입니다.

※왕관 마크로 표시된 인물이 이 기술의 시범을 보여주고 있습니다.

01

상대에게 헤드 풀을 걸고…

02

세게 끌어내리면 상대가 저항합니다.

03

그 타이밍에서 허리를 낮추고, 상대의 어깨 앞쪽과 무릎 뒤쪽에 손을 집어넣습니다.

04

저항하면서 상대의 중심이 뒷발로 옮겨갔으니까…

05

상대의 무릎을 끌어안은 채 몸을 일으키면, 앞발을 간단히 띄울 수 있습니다. 이때 상대의 몸이 뒷발을 축으로 회전하도록 어깨를 떠미는 것이 포인트입니다.

06

상대는 균형을 잃고 넘어집니다.

응용 공격 4 숄더 니 리어 스로 2
Shoulder-Knee Rear Throw in Armor

같은 기술을 갑옷을 착용한 상태로 보겠습니다. 상대가 헤드 풀을 걸어왔을 때도 같은 기술을 사용할 수 있습니다.

※왕관 마크로 표시된 인물이 이 기술의 시범을 보여주고 있습니다.

상대가 헤드 풀을 걸어오면…

상대의 팔꿈치를 아래에서 위로 밀어 올려서 뿌리칩니다.

상대는 여기에 저항해서 팔꿈치를 내리려고 합니다.

04

이때 상대의 팔꿈치 아래로 자기 팔을 집어넣으면서…

05

상대의 무릎을 뒤쪽에서부터 끌어안습니다. 이때 다른 팔을 상대의 어깨에서 대각선 위쪽으로 집어넣어서 상대의 턱을 밀어 올리려고 하면 상대의 균형을 무너트리기 쉽습니다.

06

상대의 턱을 밀면서 하반신 힘으로 무릎을 끌어안은 팔을 들어 올리면…

07

상대는 균형을 잃고 쓰러집니다.

'금지된 기술'을 알아보자
Studying "Forbidden" Techniques

중세에 만든 레슬링 교본에는 스포츠 시합에서 사용하기에는 너무나 위험한 기술이 잔뜩 기록되어 있습니다. 당시에 진짜 전투에서 사용했던 발차기는 거의 대부분이 상대의 무릎이나 사타구니를 노리는 것이었고, 관절을 반대로 꺾어버리는 기술이나 두 손 엄지손가락으로 상대의 눈을 뭉개버리는 기술, 귀를 뜯어버리는 기술 등도 사용되었습니다.

15세기의 검술가 주드 루(Jud Lew)는 레슬링으로 싸울 때 상대의 투구 틈새에 흙이나 더러운 넝마 등을 쑤셔 넣는 것을 추천했습니다.
예를 들어서 두 명의 파이터가 그라운드 레슬링을 시작했고, 한쪽이 위로 올라탔습니다. 그때 바로 땅바닥의 흙을 집어서 아래에 깔린 상대가 쓰고 있는 투구의 아이 슬롯(눈 부분 구멍)에 쑤셔 넣으면 유리하게 싸울 수 있습니다.
또는 사전에 더러운 넝마 등을 준비했다가 틈을 봐서 상대의 얼굴에 쑤셔 넣는, 그런 전법도 유효합니다.

굳이 말할 필요도 없이, 이런 기술은 하나같이 현대 스파링에서는 엄격하게 금지되고 있지만, 당시에 어떻게 싸웠는지를 알아두기 위해서는 귀중한 정보라고 할 수 있습니다.

COLUMN

Part **4**

대거
Dagger

서론
Introduction

　중세의 대거(Dagger, 단도) 기술에 대해서는 여러모로 논의하는 중입니다. 대거는 틀림없이 갑옷을 입은 상태에서의 접근전에 특화된 형태를 지녔는데도 불구하고, 당시의 사료에서는 갑옷을 착용하지 않은 싸움에서도 비슷한 전투 스타일을 많이 찾아볼 수 있기 때문입니다.

　'폴암보다 대거가 더 위험하다'라고 한다면 여러분은 기묘하다고 여기시겠죠? 하지만 사실입니다. 대거와 대거의 싸움에서는 승자도 결코 멀쩡할 수 없습니다. 왜냐하면 대거는 다른 무기와 다르게 바인드(무기가 서로 교차한 상태)에서 상대의 공격을 무효화하기가 곤란하기 때문입니다.

기본 그립
Basic Grips

　대거 쥐는 방법은 아래와 같은 두 종류[7]가 있습니다.

|역수 Reverse Grip

　아이스 픽을 쥘 때처럼 칼끝이 새끼손가락 쪽, 칼머리가 엄지손가락 쪽으로 오도록 쥡니다. 중세 교본에서는 이 그립이 가장 많이 등장합니다. 갑옷 속까지 꿰뚫으려면 이쪽이 편리하기 때문입니다.

　뒤에 나올 기본 자세도 대부분이 이 그립입니다.

|정수 Forward Grip

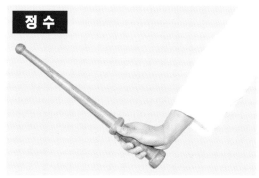

　손등이 위쪽으로 가는 그립입니다. 칼끝이 엄지손가락, 칼머리가 새끼손가락 쪽입니다.

[주7] 그립에 대해 '오버 핸드', '언더 핸드'라는 용어를 사용하는 경우도 있지만, 이 책에서는 혼란을 피하기 위해서 '정수', '역수'로 통일합니다.

기본 자세
Basic Guards

모든 무기는 다음과 같은 네 가지 위치로 자세를 취할 수 있습니다.

● 하이 온사이드
● 하이 오프사이드
● 로 온사이드
● 로 오프사이드

대거 같은 한 손 무기의 경우, '온사이드'는 무기를 들고 있는 손 쪽, '오프사이드'는 들지 않은 손 쪽이라고 기억해주세요.

| 대거로 싸울 때의 기본적인 주의점 Dagger Fighting Tips

[1] **대거를 크게 휘두르지 않는다**
어느 일격이건 정확하고 강력해야 합니다만,
그 일격을 위한 동작이 커져서는 안 됩니다.

[2] **항상 여러 번 공격할 것**
대거는 일격으로 적을 쓰러트릴 수 없습니다.

[3] **항상 표적이 칼끝의 연장선에 오도록 연습할 것**
이렇게 해야 적을 똑바로 찌를 수 있습니다.
특히 역수일 때는 칼끝이 아래로 향하기 쉬우니까 주의하세요.

┃ 하이 온사이드 High Onside

┃ 로 온사이드 Low Onside

▎하이 오프사이드 High Offside

▎로 오프사이드 Low Offside

| 정수 로 온사이드 Low Onside with Forward Grip

정수로도 하이 온사이드나 로 오프사이드 자세가 가능하지만, 초보자에게는 어려우니까 우선 이 로 온사이드가 가능하도록 연습하세요.

기본 공격 1 하이 온사이드에서 공격
Attack from High Onside in Armor

하이 온사이드 자세(48쪽)에서 상대의 목을 공격하는 흐름을 보겠습니다.

※왕관 마크로 표시된 인물이 이 기술의 시범을 보여주고 있습니다.

대거를 쥐고 하이 온사이드 자세를 취합니다. 표적은 상대의 목입니다. 상대도 갑옷을 착용했으니까 몸통 갑옷의 틈새를 노립니다.

무기가 먼저, 몸이 나중에 가도록 내디딥니다. 동시에 왼손으로 상대의 대거를 막습니다.

상대의 대거를 막은 채, 투구와 몸통 갑옷 틈새를 찌릅니다. 격전 중의 첫 일격은 거의 확실하게 빗나갑니다. 반드시 여러 번 찌르도록 하세요.

기본 공격 2 로 온사이드에서 공격
Attack from Low Onside

로 온사이드 자세(48쪽)에서 급소 중 하나인 상대의 겨드랑이를 공격하는 흐름입니다. 상대에게 움직임을 읽히지 않도록 평소에는 하이 온사이드 자세에서 시작합니다만, 여기서는 알기 쉽도록 로 온사이드로 넘어간 곳에서부터 사진으로 보여드리겠습니다.

※왕관 마크로 표시된 인물이 이 기술의 시범을 보여주고 있습니다.

01

하이 온사이드에서 로 온사이드로 이행한 직후의 보디 포지션. 상대의 대거를 막기 위해서 왼손이, 공격하기 위해서 오른손이 나와 있습니다. 이 시점에서는 아직 발을 내디디지 않았다는 점에 주목해주세요. 공격은 반드시 무기가 먼저, 몸이 나중입니다.

02

대거를 쥔 오른손과 막기 위한 왼손을 완전히 뻗은 상태. 이 시점에서 대거 칼끝이 확실하게 표적 방향으로 향해 있다면, 남은 건 똑바로 내디디는 것뿐입니다.

03

발을 내디디고…

04

상대의 대거를 막으면서 겨드랑이를 여러 번 찌릅니다.

기본 공격 3 하이 오프사이드에서의 공격
Attack from High Offside

이어서 하이 오프사이드 자세(49쪽)에서의 공격입니다. 오프사이드에서 시작하는 공격은 온사이드보다 대거가 닿을 수 있는 거리가 짧고 상대가 방어하기 쉽기 때문에, 보통은 온사이드 자세에서 오프사이드로 넘어가는 것이 일반적입니다. 하지만 여기서는 이해하기 쉽도록 처음부터 하이 오프사이드 자세로 촬영했습니다. 목표는 상대의 목입니다.

※왕관 마크로 표시된 인물이 이 기술의 시범을 보여주고 있습니다.

01

찌르기 시작할 때 보디 포지션. 상대도 하이 오프사이드 자세입니다. 이 시점에서 이미 대거 칼끝이 똑바로 목표를 노리고 있다는 점에 주목해 주세요.

02

왼손과 대거를 앞으로 내밀면서 발을 움직이기 시작합니다.

03

왼손으로 상대가 대거를 쥔 손 팔꿈치를 밀칩니다. 이러면 상대의 공격
을 막을 수 있습니다.

04

뒷발을 앞으로 내디디면서 상대의 팔꿈치를 아래로 누르고, 그 위쪽에
서 대거로 상대의 목을 찌릅니다. 상반신이 확실하게 상대 쪽으로 기울
어 있는 점에 주목. 초보자는 특히 상체를 뒤로 빼기 쉬우니까 신경 쓰
도록 하세요.

기본 공격 4 정수 로 온사이드에서의 공격
Attack from Low Onside with Forward Grip

　마지막으로 정수(46쪽) 공격 예를 소개하겠습니다. 역수 쪽이 찌를 때 힘을 주기 쉽고 디펜스도 수월하지만, 상대의 사타구니를 노릴 때나 상대가 갑옷을 착용하지 않았을 때는 정수 그립이 편리합니다.

　　정수 그립은 레인지가 길고 힘은 약하다,

　　역수 그립은 레인지가 짧고 힘이 강하다, 라고 기억하세요.

※왕관 마크로 표시된 인물이 이 기술의 시범을 보여주고 있습니다.

정수 그립으로 로 온사이드 자세를 취한 모습. 대거 칼끝은 상대의 사타구니를 가리키고 있습니다.

무기가 먼저, 몸이 그 뒤를 따르는 느낌으로 발을 내디디고…

03

04

대거가 상대의 사타구니에 명중. 이때도 왼손은 상대의 대거를 막고 있습니다.

응용 공격 1 그랩 앤드 스태브
Grab and Stab

디스암(무장 해제) 테크닉 중 하나입니다. 자신은 무기가 없고 적이 대거로 공격해왔을 때, 어떻게 막고 어떻게 상대의 대거를 빼앗는지, 순서대로 보도록 하겠습니다. 이번 촬영에서는 디스암의 순서를 알기 쉽도록 대거를 든 모델이 맨손이지만, 시합에서는 양쪽 모두 반드시 건틀릿을 착용합니다.

※왕관 마크가 표시된 인물이 이 기술의 시범을 보여주고 있습니다.

자신은 무기가 없고 적이 대거로 이쪽의 목을 노리고 있습니다.

적이 발을 앞으로 내디디면 상대의 대거와 손목 사이에 왼손을 집어넣어서 막습니다.

Point! '무기가 먼저, 몸이 뒤'는 어떤 상황에서건 철칙이지만, 이번처럼 무기가 없는 경우에는 '팔이 먼저, 몸이 뒤'가 됩니다.

왼손은 그대로 두고, 오른손 손등으로 상대의 대거 칼끝을, 내 시점에서 봤을 때 오른쪽 전방을 향해 밀어냅니다. 상대의 손바닥 쪽, 새끼손가락에서 집게손가락 쪽을 향해서 밀어내는 이미지입니다.

04

대거가 돌아가기 시작하면 오른손으로 날을 움켜쥡니다. 만약 진짜 싸움이라면, 이때 자신의 손이 다칠 수도 있습니다. 하지만 찔리는 것보다는 훨씬 낫습니다.

05

날을 쥐고 대거를 빼앗아서 칼끝으로 상대의 목을 찌릅니다.

06

상대도 갑옷을 착용했기에, 투구와 몸통 갑옷 틈새를 찌르세요. 이때도 반드시 여러 번 공격합니다.

응용 공격 2
정수 로 온사이드 어택에 대한 디스암
Disarm Against Low Onside with Forward Grip

이것도 디스암 테크닉입니다. 사타구니를 노리는 정수 로 온사이드에서 들어오는 공격(48쪽)에 대해, 맨손으로 상대의 무기를 빼앗고 반격하는 것까지 흐름을 보겠습니다.

※왕관 마크가 표시된 인물이 이 기술의 시범을 보여주고 있습니다.

01

상대가 정수 로 온사이드 자세에서 이쪽의 사타구니를 노리고 있습니다. 이쪽은 무기가 없습니다. 먼저 두 손을 상대가 대거를 쥐고 있는 손을 향해서 뻗습니다.

02

이때도 '팔이 먼저 몸이 나중'입니다.

03

두 손으로 상대의 손목을 위쪽에서 짓누르는 것처럼 움켜쥡니다. 상대는 여러 번 찔러댈 테니까, 두 손으로 꽉 움켜쥐세요.

04

대거 날을 상대의 집게손가락에서 새끼손가락 쪽으로 누릅니다. 이때 오른손으로는 대거를 누르면서, 상대의 손목을 움켜쥔 왼손은 들어 올립니다.

05

상대가 대거를 놓치면 그때 오른손으로 대거를 빼앗습니다.

06

빼앗은 대거로 상대의 사타구니를 노립니다. 왼손은 상대의 오른손이 도망치지 못하도록 꽉 움켜쥡니다.

07

왼손으로 상대를 끌어당기면서 상대의 사타구니를 여러 번 찌릅니다. 이때 높은 확률로 대거를 떨어트릴 수 있는데, 그럴 때는 레슬링으로 넘어갑니다.

응용 공격 3
하이 온사이드 어택에 대한 방어 ~ 던지기까지의 흐름
Defence Against High Onside Attack:Left-Hand Block and Throw

대거로 공격해오는 적을 상대하는 테크닉. 이번에는 방어에서 던지기까지의 흐름입니다.

※왕관 마크가 표시된 인물이 이 기술의 시범을 보여주고 있습니다.

01

적이 하이 온사이드에서 이쪽의 목을 노립니다. 이쪽은 무기가 없습니다.

02

상대가 대거를 휘두르기 전에 왼손으로 막습니다.

03

막을 때는 왼팔을 뻗어서, 가능한 한 상대의 팔꿈치를 밀어주세요. 손목에 가까운 부분을 밀면 방어하기 힘들어집니다.

04

허리를 낮추고 오른손을 상대의 무릎 안쪽으로 집어넣은 뒤에…

05

왼손으로 상대의 오른쪽 팔꿈치를 아래로, 오른손으로 상대의 오른쪽 무릎을 들어 올리는 것처럼 힘을 주면 상대의 균형이 무너집니다.

06

이때 포인트는, 팔 힘이 아니라 허리를 낮춘 상태에서 일어나는 다리 힘을 사용해서 상대의 자세를 무너트려야 합니다.

07

이걸로 상대가 쓰러졌습니다.

응용 공격 4
대거 양손 잡기 테크닉 / 당겨서 쓰러트리기
Double-Handed Dagger Takedown

이어서 양손으로 쥔 대거를 이용한 당겨서 쓰러트리기 테크닉을 보여드리겠습니다. 여기서는 순서를 알아보기 쉽도록 승자가 왼쪽에 위치했습니다.

※왕관 마크가 표시된 인물이 이 기술의 시범을 보여주고 있습니다.

01

적이 하이 온사이드로 이쪽의 목을 노리고 있습니다. 이쪽은 로 온사이드입니다.

02

왼팔을 뻗어서 상대의 팔을 안쪽에서 막아줍니다.

03

상대의 목에 대거를 걸고 양쪽 끝을 두 손으로 움켜쥡니다.

04

그대로 상대의 머리를 자기 쪽으로 당기면서 아래로 누릅니다. 상대의 목이 아니라 머리를 당기세요. 목을 잡아당기면 저항할 수 있지만, 머리를 당기면 중심이 달라지면서 균형이 쉽게 무너지기 때문입니다. 자신의 배꼽을 향해서 당기고 누르는 것이 포인트입니다.

05

상대의 머리가 가까이 다가왔으면 재빨리 뒤로 물러납니다. 레슬링의 헤드 풀(32쪽) 요령입니다.

06

그대로 땅바닥에 쓰러트리고 마무리합니다.

대거 시합 : 연습과 실전
Dagger Sparring : Practice vs. Competition

캐슬 틴타겔이 개최하는 라이트 배틀(갑옷을 착용하지 않은 상태를 상정한 싸움. 187쪽) 공식전에는, 현재 '양손검', '한손검과 방패', '폴암' 세 종목이 있고, '대거'라는 종목은 없습니다. 대거와 대거의 싸움은 승패 판정이 상당히 어렵기 때문입니다.

재빠르게 움직일 수 있는 대거는 몇 초 만에 상대를 몇 번이나 공격할 수 있습니다. 맹렬한 스피드로 서로가 몇 번이나 찔러대다 보면 양쪽 모두 부상을 피할 수 없고, 결과적으로 승패 판정은 '치명도가 조금이라도 낮은 상처를 입은 쪽의 승리'가 됩니다.

하지만 시합 중에 '누가 더 치명적인 공격을 했는가'를 바로 판단하는 것은 숙련된 심판에게도 상당히 어려운 일입니다. 그렇다고 판정 기준을 선수 필승 방식— '먼저 공격을 명중시킨 쪽이 승리'로 해버리면, 파이터들은 그 규칙에 특화된 싸움을 하게 되고 '중세 무술 재현'이라는 본래 목적에서 벗어나게 됩니다.

따라서 라이트 배틀에서는 이 종목을 채용하지 않았습니다.

그렇다고 저희가 갑옷을 착용하지 않은 상태에서 대거를 사용한 스파링을 전혀 안 한다는 것은 아닙니다. 교육 과정에서 대거 파이터에 대해 배우기도 하고 스파링도 합니다. 단, 승패 판정은 종합적으로 행하고, 판정 결과가 잘못될 수도 있다는 점을 모든 이가 이해한 상태에서 싸웁니다.

한편 아머드 배틀 시합에서는 파이터들이 항상 대거를 장비한 것으로 간주합니다. 아머드 배틀의 규칙에서 대거는 갑옷 틈새에 대한 공격만이 유효하기 때문에 (전신이 공격 대상이 되는) 라이트 배틀보다 판정을 내리기 쉽기 때문입니다.

접근전에서 레슬링, 그리고 그라운드 파이트로 이어졌을 때 서로가 대거로 상대 갑옷을 찌르기 위해 격투를 벌이는 모습은 중세의 리얼리스틱한 싸움과 흡사할 것입니다.

COLUMN

Part 5

한손검과 방패
One-Handed Sword and Shield

서론
Introduction

중세시대에 방패는 상당히 일반적인 방어 도구였습니다.

캐슬 틴타겔에서는 초보자 클래스에서 양손검(99쪽)과 함께 한손검과 버클러라고 하는 작은 원형 방패 다루는 방법을 배웁니다. 중급 클래스로 올라가면 거기에 히터 실드[8]라고 하는 대형 방패가 추가됩니다. 스파링에서는 그 밖에도 파비스나 바이킹 실드 등 다양한 방패를 사용하는 사람이 있습니다. 한 손용 무기는 검 외에도 메이스와 도끼, 펄션도 사용합니다.

여기서는 무기는 한손검, 방패는 버클러와 히터 실드를 사용하면서 한 손 무기와 방패의 기본적인 다루는 방법을 배워보겠습니다.

[주8] 이렇게 부르기 시작한 것은 빅토리아 시대 이후. 모양이 당시의 다리미(히터)와 닮았다는 데서 유래했다.

한손검과 버클러

한손검과 히터 실드

한손검과 파비스(참고)

기본 그립
Basic Grips for One-Handed Sword

한손검 쥐는 방법에는 아래와 같은 세 종류가 있습니다.

▌핸드셰이크 그립 Handshake Grip

이름 그대로 악수하는 것처럼 칼자루를 쥡니다. 이때 집게손가락의 첫 마디가 칼날 아래에 오도록 손바닥 방향을 살짝 틀어줍니다.

쥘 때는 약손가락과 새끼손가락에 제일 힘을 많이 줘서, 이 손가락 두 개만으로도 검을 쥘 수 있을 정도로 잡으세요. 가운데손가락과 집게손가락은 자루를 받치는 정도입니다. 칼날 방향을 바꾸고 싶을 때는 엄지손가락을 사용합니다.

▌섬 그립 Thumb Grip

엄지손가락이 칼날 옆면 중앙에 오는 방법입니다. 찌르기를 할 때는 이렇게 쥐는 쪽이 편리합니다. 싸울 때는 핸드셰이크 그립이나 섬(thumb, 엄지손가락) 그립으로 상황에 따라 바꿔서 쥐어주세요.

▌해머 그립 Hammer Grip

철퇴를 잡는 것 같은 쥐는 방법입니다. 싸우는 중에 어쩔 수 없이 이런 모양이 되거나, 건틀릿의 사양에 따라서는 이렇게 쥐는 수밖에 없는 경우가 있습니다. 단, 검을 다루기는 상당히 힘들어지기 때문에, 가능한 한 핸드셰이크 그립이나 섬 그립으로 싸우도록 하세요.

기본 자세(방패)
Basic Guards for Shields

버클러와 히터 실드의 기본 자세를 배워보겠습니다. 기본 자세의 원칙은 이번에도 같습니다. **항상 방패가 몸보다 앞에 있을 것.**

방패를 들고 싸울 경우, 당신의 우반신과 좌반신은 각각 다르게 움직입니다. 싸우는 동안 무기를 쥔 손은 전후좌우로 정신없이 움직이지만, 방패는 항상 앞으로 뻗어서 자신의 손과 몸을 지켜야 합니다.

▌ 버클러 기본 자세

버클러는 팔꿈치를 펴고 가능한 한 멀리 뻗어줍니다. 표면적이 작아서 몸에 밀착하면 지킬 수 있는 범위가 좁아지기 때문입니다.

버클러 너머에서 강력한 빛이 당신을 비추는 경우, 가능한 한 많은 부분을 버클러로 막을 수 있도록 한다고, 그렇게 생각하면 이미지를 떠올리기 쉬울 겁니다. 자신의 시야를 막지 않도록 약간 비스듬하게 해주세요. 팔꿈치를 펴기는 하지만 그렇다고 완전히 고정하지는 않는 것을 명심하세요.

│ 히터 실드 기본 자세

스트랩에 팔과 손을 끼우고 몸 앞쪽에 위치합니다. 이때 방패 위쪽 선이 항상 자신의 코를 가리도록. 이유는 당신이 방패를 올리는 속도보다 적이 칼을 내리치는 속도가 빠르기 때문입니다. 상대가 당신의 머리를 노리고 칼을 내리쳤을 때, 당신의 방패가 코보다 아래에 있으면 공격을 제때 방어할 수 없습니다.

자신의 시야를 막지 않도록 비스듬하게 드는 것은 버클러와 마찬가지입니다. 이때 방패의 뾰족한 부분(포인트라고 합니다)을 사진처럼 약간 앞으로 뻗어주도록 하세요.

기본 자세(한손검)
Basic Guards for One-Handed Sword

이어서 한손검과 방패를 같이 들어보겠습니다. 독일 검술에서는 자세와 기술에 각각 특유의 이름이 있습니다. 여기는 자세의 형태와 함께 이름도 배우도록 하겠습니다.

중세 교본에서는 하나의 자세에 다양한 배리에이션(변형)이 있거나, 같은 이름이지만 전혀 다른 자세가 실려 있기도 합니다. 후세의 연구가와 검술가들 사이에서 해석이 분분하고, 아직까지 논의가 계속되는 이유입니다.

이 책에서는 많은 자세 중에서도 초보자가 배우기 쉽고, 그 상태에서 기술을 사용하기 쉬운 것들을 발췌해서 소개하겠습니다.

폼 탁 Vom Tag

'폼 탁'은 '위에서' 또는 '지붕에서'라는 의미입니다. 칼끝이 위, 자루가 아래로 가도록 칼을 쥐고 가슴 위쪽으로 들어줍니다. 사진 외에도 다양한 각도의 폼 탁이 있습니다만, 초보일 때는 정면에서 봤을 때 칼의 각도가 대각선 45도가 되도록 들어주세요.

【온사이드 폼 탁】
십자 날밑(키용) 끝부분이 똑바로 표적 방향으로 향할 것. 초보일 때는 칼의 평평한 부분(플랫)이 적 방향으로 향하기 쉽습니다. 정면에서 거울을 봤을 때 칼날이 면이 아니라 선으로 보이도록 해주세요.

크게 뒤로 뺀 이 형태도 폼 탁의 배리에이션입니다. 갑옷을 착용한 상대에게는 전신을 사용하는 위력이 있는 베기가 필요하기 때문에, 종종 이런 자세를 취하게 됩니다.

【오프사이드 폼 탁】
버클러는 앞으로 뻗은 채, 칼을 방패 옆쪽에 45도로 들어줍니다. 칼을 쥔 손이 방패보다 앞으로 나가지 않도록 주의하세요.

히터 실드를 든 상태에서 오프사이드 폼 탁을 취한 모습. 검을 쥔 손과 팔을 방패로 완전히 가리고 있는 점에 주목.

ㅣ옥스 Ochs

'옥스'는 '수소(황소)'라는 의미입니다. 칼끝을 곧장 표적 방향으로 향하고, 손이 머리 위로 오도록 합니다. 이때 칼을 쥐는 손은 저절로 69쪽의 섬 그립이 됩니다. 여기서 그대로 찌를 수도 있고, 베기로 변화를 줄 수도 있습니다.

【온사이드 옥스】
초보일 때는 칼 옆면이 수평이 되도록 해주세요.

온사이드 옥스의 배리에이션입니다. 이 예에서는 칼 옆면이 땅을 향해 수직으로 세워져 있습니다. 사진에서는 손 모양을 알기 쉽도록 장갑을 착용했습니다만, 금속 건틀릿을 착용하면 이렇게 해머 그립(69쪽)으로 쥐는 수밖에 없습니다.

【오프사이드 옥스】

칼을 든 손의 방향에 주목. 반드시 엄지손가락이 안쪽으로 향하게 합니다.

오프사이드 옥스의 배리에이션. 오프사이드, 그리고 갑옷을 착용한 상태에서는 손을 들어 올리기 힘들어집니다.

▎ 플루크 Pflug

'플루크'는 '가래(연장)'라는 의미입니다. 칼끝은 똑바로 표적 방향으로 향하고, 칼자루는 허리 옆에 위치합니다. 위에서 내려봤을 때 칼끝과 자신의 배꼽과 칼자루를 연결하는 라인이 직삼각 형이 되는 느낌입니다.

【온사이드 플루크】

갑옷과 히터 실드를 장 비하고 온사이드 플루 크 자세를 취한 모습.

【오프사이드 플루크】

갑옷과 히터 실드를 장
비하고 오프사이드 플
루크 자세를 취한 모습.

┃ 네빈후트 Nebenhut

'네빈후트'를 직역하면 '근접한 자세'입니다. 이 자세에 대해서는 여러 설이 있는데, 중세 사료에는 같은 이름이면서 상반된 예도 기재되어 있습니다. 캐슬 틴타겔에서 채용한 것은 사진처럼 칼끝이 뒤로 향하고 칼머리(폼멜)가 표적을 가리키는 자세입니다. 이때 손은 뒤로 너무 많이 빼지 마세요. 칼이 몸에 감긴 것 같다면 너무 뺀 것입니다.

【온사이드 네빈후트】

이 사진은 네빈후트가 아닙니다. 그런데도 여기에 게재한 이유는, 이 자세에서 칼을 휘두르면 움직이는 중에 네빈후트 형태가 되기 때문입니다. 처음 자세는 온사이드 폼 탁이지만, 갑옷을 착용한 상태에서 강렬한 타격을 구사하기 위해 몸이 크게 기울어 있습니다. 여기서부터 몸 전체를 사용해 휘두르면, 칼이 네빈후트 위치를 통과한 뒤에 표적을 향해 상승하게 됩니다.

폼멜을 머리보다 높이 든 예가 실린 사료도 있습니다만, 여기서는 허리 언저리에 뒀습니다.

【오프사이드 네빈후트】

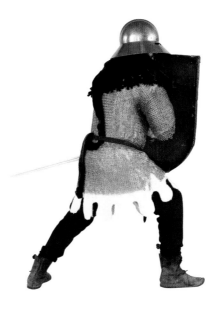

갑옷과 히터 실드를 장
비하고 오프사이드 네
빈후트 자세를 취한 모
습.

롱포인트 자세는 상대와의 거리를 유지하기 위해 사용합니다. 상대를 향해 칼을 내밀어서 상대의 접근을 막고, 이쪽은 찌르기 공격을 펼칠 수 있습니다.

【롱포인트】
롱포인트는 칼이 몸 중심에 있기 때문에 온사이드·오프사이드 구별이 없습니다.

갑옷을 착용한 상태에서 롱포인트. 오프사이드 옥스(75쪽)와 비슷하지만, 칼을 든 팔의 팔꿈치를 펴고 있습니다.

방패 방어
Shield Defence

방패는 면으로 방어한다고 생각하기 쉽지만, 많은 경우에 사용하는 부분은 모서리(코너)와 테두리(엣지), 아래의 뾰족한 부분(포인트)입니다. 여기서는 히터 실드를 사용해 공격자 시점에서 방패의 움직임을 보겠습니다.

온사이드에서 머리를 노리는 공격을 막을 때

머리와 목같이 높은 위치를 노린 공격에는 방패를 앞으로 뻗어서 코너로 방어합니다.

오프사이드에서 머리를 노리는 공격을 막을 때

오프사이드에서 오는 공격도 방패를 내밀고 코너로 칼을 방어합니다.

다른 각도

온사이드에서 다리를 노리는 공격을 막을 때

낮은 위치를 노린 공격은 방패를 내려서 포인트로 칼을 방어합니다. 방패가 있는 쪽 발을 뒤로 빼도 좋습니다.

기본 공격 1 온사이드 오바하우
Onside Oberhau

먼저 가장 단순한 공격부터 연습해보겠습니다. 독일어 '오바'는 '위에서부터', '하우'는 '베기'라는 의미입니다. 따라서 '오바하우'는 '위에서부터 베기'가 됩니다.

기본적인 오바하우는 폼 탁 자세에서 칼을 비스듬하게 내리치는 기술입니다. 순서대로 보겠습니다.

※왕관 마크로 표시된 인물이 이 기술의 시범을 보여주고 있습니다.

01

온사이드 폼 탁(72쪽) 자세로 적과 마주합니다. 버클러는 항상 상대의 칼 앞쪽을 향해 내밀어야만 합니다.

02

기본 자세에서 똑바로 벱니다. 특히 초보일 때는 베기 시작할 때 준비 동작으로 칼을 일단 뒤로 빼는 경우가 많은데, 그러지 않도록 주의하세요.

03

무기가 먼저 움직이고, 발은 그 뒤에 내디딥니다. 칼과 동시에 버클러도 앞으로 뻗어서 자기 손을 커버합니다.

04

발을 내디디면서 동시에 허리를 트는 힘을 이용해서 칼로 상대의 목을 내리칩니다. 이때 버클러는 자기 손을 가드하고 있습니다.

기본 공격 2 온사이드 오바하우 2
Onside Oberhau in Armor

이어서 갑옷을 착용하고 한손검과 히터 실드를 장비한 상태에서 같은 기술을 보도록 하겠습니다. 갑옷이 없을 때보다 온몸을 크게 사용해서 공격하는 점에 주목해주세요.

※왕관 마크로 표시된 인물이 이 기술의 시범을 보여주고 있습니다.

01

한손검을 온사이드 폼 탁 자세로 들고, 71쪽에서 배운 것처럼 히터 실드 모서리를 상대 쪽으로 내밀어줍니다. 히터 실드의 위쪽 테두리는 자기 코를 가리는 정도 높이로 유지하세요. 상대는 롱소드를 온사이드 폼 탁 자세로 들고 있습니다.

02

상대가 오바하우로 공격해옵니다. 목표는 이쪽의 머리. 방패를 내밀어서 이 공격을 방어합니다. 이 예에서는 방패가 높이 올라가서 전면으로 칼을 막고 있지만, 방패의 움직임은 최소한으로 줄이고 위쪽 테두리나 방패 모서리를 사용해서 막아야 합니다. 방패로 상대의 공격을 막는 동시에 상대의 다리를 노리고 칼을 휘두릅니다.

03

팔만 움직여서는 칼에 충분한 힘이 실리지 않습니다. 발→허리→어깨→
팔→칼 순서로 힘이 전해지도록, 하반신을 비트는 힘을 이용해서 휘두릅
니다. 이때도 방패는 상대의 무기를 확실하게 막아주도록 합니다.

04

중간에 칼날이 흔들리지 않도록 주의하며 깔끔하게 벱니다.

기본 공격 3 오프사이드 오바하우
Offside Oberhau

이어서 오프사이드에서 구사하는 오바하우입니다. 칼과 방패의 위치 관계를 알기 쉽도록 승자의 위치를 오른쪽에 뒀습니다.

※왕관 마크로 표시된 인물이 이 기술의 시범을 보여주고 있습니다.

01

오프사이드 폼 탁 자세에서 버클러 위를 지나가도록 칼을 휘두릅니다.

02

칼이 버클러 위를 통과하면 칼을 든 손에 버클러를 얹어서 가려줍니다.

03

상대의 목을 노리고 내리칩니다.

04

칼이 상대의 목에 명중했습니다. 이때도 버클러는 계속 손을 가려주고 있습니다.

기본 공격 4 오프사이드 운터슈티시
Offside Unterstich

독일어로 '운터'는 '아래에서부터', '슈티시'는 '찌르기'라는 의미입니다. 따라서 '운터슈티시'는 '아래에서부터 찌르기'가 됩니다. 오프사이드 운터슈티시를 갑옷을 착용한 상태에서 보도록 하겠습니다. 오른쪽의 버클러를 든 인물이 왼쪽의 히터 실드를 든 인물을 운터슈티시로 공격합니다. 공격하는 쪽의 칼 움직임을 알기 쉽도록 상대 역할은 가만히 서 있습니다.

※왕관 마크로 표시된 인물이 이 기술의 시범을 보여주고 있습니다.

01

공격하는 쪽은 오프사이드 플루크(77쪽) 자세를 취하고 있습니다. 갑옷을 착용하면 팔의 가동 범위가 제한되기 때문에, 갑옷을 착용하지 않았을 때만큼 크게 오프사이드 자세를 취할 수가 없습니다.

02

상대의 방패 안쪽을 향해서 칼을 찔러 넣습니다.

03

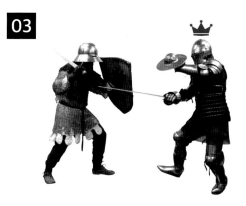

칼끝이 상대의 방패 테두리를 넘었으면, 폼멜을 왼쪽으로 밀어줍니다. 이때 칼끝은 상대의 몸통을 노린 채 폼멜만 움직이는 것이 포인트입니다.

04

그대로 스텝을 밟으면서 상대의 몸통을 찔러줍니다.

응용 공격 1 슈토츠하우
Sturzhau

슈토츠하우는 공격하는 중간에 베기에서 찌르기로 전환하는 테크닉입니다. 오바하우나 운터하우와 같은 동작으로 베기가 시작되지만, 칼과 팔이 뻗는 것과 동시에 칼끝을 회전시켜서 노리는 위치를 변화시킵니다. 칼끝의 방향은 변하지만 칼의 궤도 자체는 베기와 똑같아야 합니다. 통상 공격과 달리 상대가 방어를 강화하게 만들기 위해 슈토츠하우는 의도적으로 공격 모션을 크게 해줍니다.

※왕관 마크로 표시된 인물이 이 기술의 시범을 보여주고 있습니다.

01

양쪽 모두 온사이드 폼 탁 자세로 시작합니다.

02

공격하는 쪽은 칼을 일부러 크게 치켜들어서 누가 봐도 지금부터 강렬한 공격을 날리려는 것처럼 보입니다. 상대가 방어를 강화하면 강화할수록 찌르기가 들어가기 쉬워지기 때문입니다.

03

그대로 기세를 타고 베기 시작하면 상대는 반사적으로 방어에 들어갑니다(이 경우에는 버클러를 쥔 손에 힘이 들어갑니다).

04

여기서 칼끝의 방향을 바꿔서 찌르기로 전환하기 시작합니다.

05

칼은 오바하우 때와 같은 궤도로 움직이지만, 중간에 오른손을 돌렸다는 점에 주목해주세요.

06

칼끝이 상대의 버클러 위를 넘으면, 오른손을 올려서 상대의 목을 찌릅니다. 오른손 손등이 완전히 위로 향해 있는 점에 주목.

응용 공격 2
히터 실드에 대한 슈토츠하우
Sturzhau Against Big Shield

같은 슈토츠하우를 갑옷을 착용하고 상대가 히터 실드를 장비한 상황에서 보도록 하겠습니다.

※왕관 마크로 표시된 인물이 이 기술의 시범을 보여주고 있습니다.

01

온사이드 폼 탁에서 칼을 크게 뒤로 빼서 베는 공격을 하려는 것처럼 보여줍니다.

02

적의 시점에서는 자기 머리를 노리려는 것처럼 보이기 때문에, 방패를 들어서 방어하려고 합니다.

03

칼은 온사이드. 오바하우 때와 같은 궤도를 지나가지만…

04

중간에 손목을 돌려서 찌르기로 전환합니다.
이 시점에서 손등은 완전히 위로 향해 있습니다.

05

칼끝이 상대의 방패 위쪽 테두리를 넘었을 때
폼멜을 올려서⋯

06

방패 테두리를 넘은 칼이 상대의 목에 명중합니다.

응용 공격 3 로 슈토츠하우
Low Sturzhau

지금까지 오바하우에서 슈토츠하우로 전환하는 것을 봤는데, 슈토츠하우는 아래쪽에서 펼칠 수도 있습니다. 위쪽에서 내리치는 오바하우와 반대로 아래쪽에서 올려치는 것을 **운터하우**라고 합니다.

※왕관 마크로 표시된 인물이 이 기술의 시범을 보여주고 있습니다.

01

온사이드 네빈후트(78쪽)에서 베기가 시작됩니다.

02

칼은 운터하우와 같은 궤도를 지나가지만, 팔과 칼을 뻗었을 때 칼끝이 회전하기 시작해서 찌르기로 바뀝니다.

03

손목을 돌려서…

04

손등이 완전히 위로 향한 상태에서 찌르기 시작하고…

05

상대의 겨드랑이를 찌릅니다. 찌르기가 끝난 시점에서도 승자의 버클러
가 상대의 칼을 방어하고 있는 점에 주목해주세요. 만약 자신의 공격이
상대보다 늦거나 유연하게 들어가지 않았다면 상대가 반격해올 가능성
이 있기 때문입니다.

응용 공격 4 랩 스트라이크
Wrap Strike (or "Coup de Jarnac")

랩 스트라이크는 근접전에서 사용하는 아주 편리한 태크닉으로, '쿠 드 자르낙'이라는 이름으로 알려져 있습니다. 랩(싼다)이라는 이름대로 칼이 상대의 몸을 감싸는 것 같은 궤도로 지나가서, 후두부나 몸 뒤쪽을 공격합니다.

※왕관 마크로 표시된 인물이 이 기술의 시범을 보여주고 있습니다.

01

온사이드 플루크에서 머리를 노리고 찌르기를 합니다. 이 공격은 페이크가 아니고, 상대가 방패로 방어하지 못하면 그대로 머리를 찌릅니다.

02

적이 방패를 올려서 방어하면, 칼끝은 적의 얼굴로 향한 채 손만 위로 올립니다.

03

적의 방패가 올라오고 다리 방어가 비었으면 다리를 노리고 베기 시작합니다. 여기서 랩 스트라이크가 시작됩니다.

04

중간까지는 보통 베기와 똑같은 각도로 내리치지만…

05

여기서 손목을 돌리기 시작합니다.

06

앞 사진에서는 오른손 엄지가 위에 있었지만, 여기서는 손등이 위로 향해 있습니다.

07

그대로 상대의 무릎 뒤쪽을 칼날로 공격합니다. 이때 칼자루를 밀어서 칼끝을 이쪽으로 당기는 것 같은 이미지로 휘두르면 힘이 실립니다.

Part 6

양손검
Longsword

서론
Introduction

　14세기부터 15세기에 걸쳐 사용된 양손검은 수많은 무기들 중에서도 특이한 지위를 차지하고 있습니다. 기사들이 전쟁터에서 싸울 때 주된 무기로 사용한 경우는 거의 없었는데도 불구하고, 중세 무도가들은 이 무기에 대해 많은 기술을 기록해서 남겼습니다.

　그 이유 중 하나로 이 무기가 지닌 역사적, 상징적인 의의가 있습니다. 예로부터 검에는 귀족의 무기라는 이미지가 있었습니다. 오로지 싸우기 위해 만들고, 제작 비용도 많이 드는 검은 단검이나 도끼 같은 일상적인 용도도 겸하는 무기와는 확실하게 선을 긋는 존재였기 때문입니다.

　그 모양이 기독교의 십자가와 닮았다는 점을 양손검의 문화적 의의로 언급하는 사람도 많지만, 이런 상징주의가 대두하기 훨씬 전부터 양손검은 이미 '고귀한' 무기로 여겨져왔습니다. 독일의 결투 재판에서 이 무기를 사용했다는 점도 그 요인 중 하나입니다.

　전장에서도 결투에서도 양손검은 사용하기 쉬운 무기로 여겨졌습니다. 대전 상대의 장비를 가리지 않고, 거리를 두고 싸울 때나 거의 격투에 가까운 접근전에서도, 다루기 쉬운 데다 기술의 선택지가 많고 강력한 타격과 찌르기를 구사할 수 있었기 때문입니다.

　창이나 폴 액스 같은 폴 웨폰은 안전한 선택지이기는 하지만, 좁고 혼잡한 곳에서는 양손검이 그 힘을 유감없이 발휘할 수 있었습니다.

기본 그립
Basic Grips for Longsword

양손검 쥐는 방법은 아래와 같은 세 종류가 있습니다.

▎핸드셰이크 그립 Handshake Grip

한손검 핸드셰이크 그립(69쪽)과 마찬가지로 오른손은 악수하는 것처럼 자루를 쥡니다. 이때 집게손가락 첫 마디가 칼날 아래에 오도록 손바닥 방향을 약간 틀어줍니다. 왼손은 사진처럼 폼멜에 가까운 곳을 잡는데, 오른손을 보조하는 느낌으로 너무 세게 쥐지 말아주세요. 칼날 방향은 오른손 엄지손가락으로 컨트롤하고, 자루를 놀리는 것은 왼손의 역할입니다. 자루는 손바닥 안에서 회전하는 것이 맞고, 자루와 손목이 같이 돌아간다면 그건 너무 세게 쥐었기 때문입니다.

▎섬 그립 Thumb Grip

한손검 섬 그립(69쪽)과 마찬가지로, 오른손 엄지손가락이 칼날 옆면 중앙에 오는 방법입니다. 왼손 쥐는 방법은 핸드셰이크 그립과 마찬가지입니다.

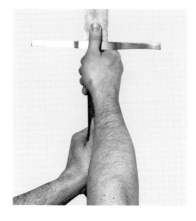

▎해머 그립 Hammer Grip

한손검 해머 그립(69쪽)과 마찬가지로, 싸우는 중에 어쩔 수 없이 이런 형태가 되거나 건틀릿의 구조상 이렇게 쥘 수밖에 없는 경우가 있습니다. 검을 컨트롤하기가 아주 힘들어지니까, 가능한 한 핸드셰이크 그립이나 섬 그립으로 싸우도록 하세요.

기본 자세
Basic Guards

핸드셰이크 그립으로 양손검을 잡았으면 기본 자세를 연습해보겠습니다.

자세와 기술의 명칭은 한손검과 같습니다. 여기서는 한손검과 방패(60쪽)에서 패운 폼 탁, 옥스, 플루크 외에 새롭게 알버와 슈랑크후트가 추가됩니다. 되도록이면 거울로 자신의 자세를 확인하면서 연습해보세요.

| 폼 탁 Vom Tag

양손검의 폼 탁은 칼끝이 위, 자루가 아래로 오도록 칼을 쥐고, 폼멜이 가슴 앞에 오도록 합니다. 십자 날밑(키용)이 똑바로 적에게 향하도록 할 것. 초보일 때는 칼의 각도가 정면에서 봤을 때 45도가 되도록 해주세요.

온사이드 폼 탁

| 옥스 Ochs

칼끝을 똑바로 표적 방향으로 향하고, 양손이 머리 위에 오도록 합니다. 이때 오른손 쥐는 방법은 저절로 101쪽의 섬 그립이 됩니다. 여기서부터 그대로 찌를 수도, 베기로 전환할 수도 있습니다. 위쪽에서의 공격, 특히 자신보다 키가 큰 상대의 공격에 대해 강한 방어력을 발휘합니다.

온사이드 옥스

| 플루크 Pflug

칼끝은 똑바로 표적 방향으로 향하고, 칼자루는 허리 옆에 위치합니다. 위에서 내려봤을 때 칼끝과 자신의 배꼽과 칼자루를 연결하는 라인이 직삼각형이 되는 느낌입니다.

온사이드 플루크

슈랑크후트
Schrankhut

'슈랑크후트'는 '방호 자세'라는 의미로, 아래에서 설명할 알버의 배리에이션입니다. 이 자세에서 구사하기 쉬운 기술이 있기 때문에, 캐슬 틴타겔에서는 초보자 클래스에서 가르치고 있습니다. 자루 중앙이 배꼽 정면에 위치하고, 칼날이 표적 쪽을 향하도록 합니다.

온사이드 슈랑크후트

알버 Alber

'알버'는 '멍청이'라는 의미입니다. 온사이드 오바하우로 내리친 상태에서 칼을 멈추면 자연스럽게 이 자세가 됩니다. 상대의 하반신을 노리는 공격을 구사하기 쉬운 자세지만, 초보자 때는 종종 더블 킬 (양자 패배)이 되기 쉽기도 해서, 캐슬 틴타겔의 초급 클래스에서는 자세의 이름과 형태만을 가르치고 자세한 기술은 중급 클래스 이상에서 배웁니다.

온사이드 알버

알려진 기술과 비전(秘傳) 기술
Common Techniques and "Secret" Techniques.

　중세 무술을 재현하기 위해 저희는 우선 같은 시대에 쓰인 사료를 찾아봅니다. 저희가 특히 중점을 두고 있는 14세기에서 15세기라는 시대에는 검술이 사람들 생활에 아주 평범하게 녹아들어 있었습니다.

　평범하다는 것은 다르게 말하자면 '설명이 필요 없다'는 뜻입니다. 예를 들어 106쪽의 오바하우는 가장 기본적인 기술이기에 아마도 당시 사람들이라면 오바하우가 어떤 것인지 누구나 알고 있었을 겁니다. 그래서 오바하우에서 어떻게 베면 되는가를 자세히 기록한 당시의 사료는 거의 남아 있지 않습니다. '오바하우'라는 명칭 자체는 찾아볼 수 있습니다.―'상대가 오바하우라면', '이쪽이 오바하우를 했을 때'처럼.

　한편 '오의(奧義)'. '비전(秘傳)'이라고 불리는 특수한 기술은 당시에도 아는 사람이 적었기 때문에, 여기에 대해 기술한 사료와 문헌은 잔뜩 있습니다.
　이 책에 나오는 '츠베르크하우', '쉴하우', '촌하우', '클룸프하우', '샤이틀하우'는 사실 전부 '마이스터 하우'라고 불리는 비전 기술입니다.

　600년 이상의 세월이 지난 지금, 당연한 기술은 조사하기 힘들고 비전 기술일수록 단서가 많이 남아 있는, 그런 역전 현상이 벌어지고 있습니다.

COLUMN

기본 공격 1 온사이드 오바하우
Onside Oberhau

위에서부터 내리치는 타입의 참격은 오른쪽에서 구사하건 왼쪽에서 구사하건 전부 '오바하우' 입니다. 초보일 때는 온사이드 폼 탁(102쪽)에서 오바하우를 연습하면 감각을 익히기 쉬울 겁니다. 오른쪽 위에서 왼쪽 아래까지, 45도 각도로, 똑바로 벨 수 있을 때까지 반복해서 연습해주세요.

※왕관 마크로 표시된 인물이 이 기술의 시범을 보여주고 있습니다.

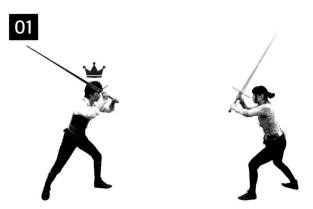

01 양손검을 온사이드 폼 탁(102쪽) 자세로 듭니다. 키용 끝부분이 똑바로 표적 쪽으로 향하도록 하세요.

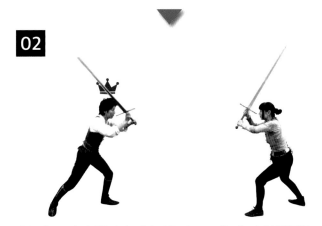

02 칼을 휘두르기 시작합니다. 먼저 팔을 앞으로 뻗는데, 이때 팔꿈치를 고정하면 안 됩니다. 그리고 두 손을 얼굴 앞까지 올려서도 안 됩니다. 적에게 손을 공격당하기 쉬워집니다.

03

중심이 앞발에 실리기 시작했을 때 뒷발(이 경우에는 오른발)이 앞으로 나갑니다. 오른발이 땅에 닿았을 때 왼발이 발끝을 중심으로 돌아가기 시작합니다. 왼쪽 다리와 같이 허리도 돌아가고, 이 회전이 칼을 끝까지 휘두르는 힘이 됩니다.

04

칼이 적의 머리에 명중. 이때 앞발 무릎과 발끝이 똑바로 적에게 향해야 합니다.

기본 공격 2 온사이드 오바하우 2
Onside Oberhau in Armor

이어서 갑옷을 착용한 상태에서 같은 기술을 보도록 하겠습니다. 갑옷이 없을 때보다 온몸을 크게 사용해서 공격하는 점에 주목해주세요.

※왕관 마크로 표시된 인물이 이 기술의 시범을 보여주고 있습니다.

양손검으로 온사이드 폼 탁 자세를 취한 상태.

어떤 상황이건 공격은 반드시 '무기가 먼저, 몸이 나중'입니다.

03

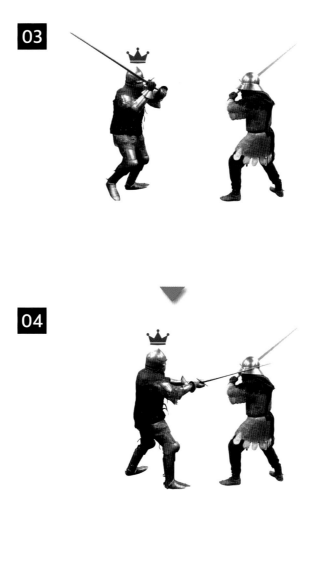

04

05

칼이 명중한 상태. 갑옷을 입었을 때는 몸 전체로 칼을 휘둘러야 합니다.

기본 공격 3 초보자를 위한 츠베르크하우
Zwerchau for Beginners

츠베르크하우는 리히테나우어가 제창한 오의(마이스터 하우) 중 하나로, 수평 방향 베는 공격입니다.

초보자 때는 옥스(103쪽)에서 이 베기로 들어가는 방법을 연습하는데, 숙련되면 어느 자세에서도 사용할 수 있게 됩니다. 옥스에서 츠베르크하우를 사용할 때는 동작 중에 폼멜이 아래로 향하지 않도록 주의하세요. 그러지 않으면 칼끝이 후크(갈고리 모양으로 흔들리는 것을 뜻함)해버려서 깔끔한 베기가 되지 않습니다. 자루의 위치는 항상 머리 위로 유지하세요. 머리보다 낮아지면 방어력을 충분히 살릴 수 없습니다.

※왕관 마크로 표시된 인물이 이 기술의 시범을 보여주고 있습니다.

이 베기는 위쪽에서 오는 공격에 강하고, 폼 탁 자세에 대한 **페아젯첸**(Versetzen)이 됩니다.

페아젯첸이란 방어와 공격을 동시에 하는 테크닉입니다.

상대가 어떤 자세를 취했을 때, 그 자세에서 펼쳐지는 공격을 상당히 높은 확률로 예측할 수 있기 때문에, 그 예측되는 공격에 대한 카운터를 사용합니다. 이렇게 하나로 공방 양쪽을 겸하는 공격은 단순히 상대를 막기만 하는 것보다 훨씬 바람직한 기술입니다.

실전에서는 폼 탁에서 츠베르크하우가 시작되는 경우가 많지만, 초보자 때는 마스터할 때까지 옥스 자세로 연습하세요.

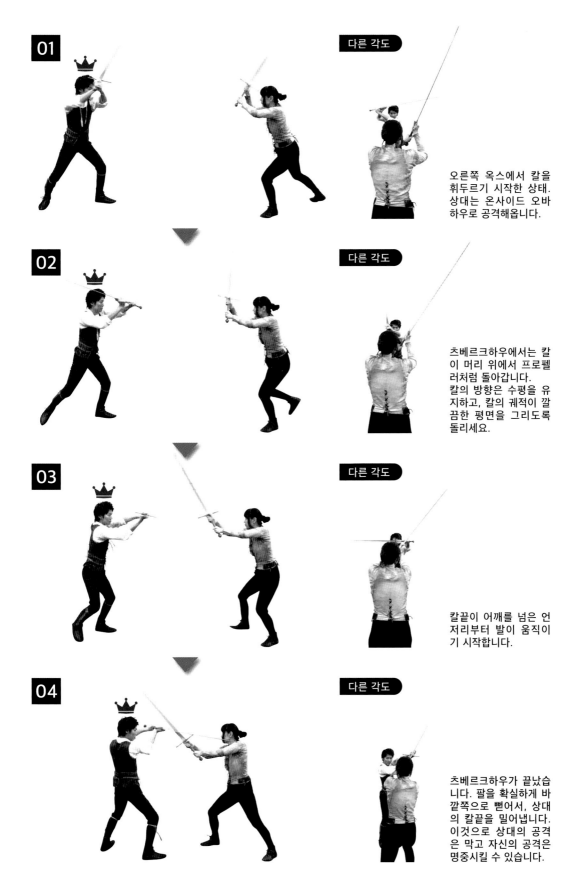

01

다른 각도

오른쪽 옥스에서 칼을 휘두르기 시작한 상태. 상대는 온사이드 오버하우로 공격해옵니다.

02

다른 각도

츠베르크하우에서는 칼이 머리 위에서 프로펠러처럼 돌아갑니다. 칼의 방향은 수평을 유지하고, 칼의 궤적이 깔끔한 평면을 그리도록 돌리세요.

03

다른 각도

칼끝이 어깨를 넘은 언저리부터 발이 움직이기 시작합니다.

04

다른 각도

츠베르크하우가 끝났습니다. 팔을 확실하게 바깥쪽으로 뻗어서, 상대의 칼끝을 밀어냅니다. 이것으로 상대의 공격은 막고 자신의 공격은 명중시킬 수 있습니다.

기본 공격 4 초보자를 위한 쉴하우
Schielhau for Beginners

쉴하우는 측면에서 오는 공격을 방어하면서 자신도 상대를 공격하는 공방 일체 테크닉입니다. 플루크나 롱포인트 등 상대가 칼끝을 이쪽으로 겨누고 있을 때도 효과적입니다.

초보자를 위한 쉴하우는 플루크 자세에서 시작합니다. 칼을 온사이드 플루크로 겨누고, 키용은 지면에 수직이 되도록 하고, 칼끝은 똑바로 표적 쪽으로 향합니다.

이때 표적의 바로 정면에서 너무 직선적으로 공격하게 되면 이 기술이 지닌 방어 요소를 활용할 수 없습니다. 위에서 봤을 때 자루는 바깥쪽, 칼끝이 중앙에 오도록 45도 각도로 상대에게 명중시키도록 하세요.

여기서 소개하는 초보자용 공격 방법은 오로지 표적을 바깥쪽에서 공격하는 개념을 익히기 위한 것입니다. 익숙해지기 전에는 많은 초보자들이 이 동작을 부자연스럽게 느끼기 때문입니다. 이 동작에 익숙해진 뒤에 플루크 이외의 자세에서도 쉴하우를 구사하는 방법을 배웁니다.

쉴하우는 플루크에 대한 페아젯첸(110쪽)입니다. 페아젯첸으로 사용할 경우에는 최종적으로 상대의 가슴에 대한 찌르기로 끝날 것입니다.

※왕관 마크로 표시된 인물이 이 기술의 시범을 보여주고 있습니다.

01

쉴하우 시작. 초보자가 연습하기 쉽도록 플루크 자세에서 시작했지만, 실전에서는 이것도 폼 탁에서 시작합니다.

02

온사이드 플루크에서 폼멜을 적 쪽으로 향하게 합니다.

03

04

폼멜이 완전히 적 쪽으로 향하면, 그대로 앞으로 뻗습니다.

05

오른손은 폼멜을 당기고 왼손을 키용을 미는 느낌으로 칼을 회전하기 시작합니다.

06

07

중심이 앞발에 실리기 시작했을 때 뒷발이 움직이기 시작합니다.

08

칼이 상대의 칼날 안쪽으로 아슬아슬하게 들어가게 합니다. 이때 상대의 칼을 건드리지 않도록 주의하세요.

09

오른손 엄지손가락으로 칼을 바깥쪽으로 틀고, 칼날로 적의 칼을 밀어냅니다.

10

두 팔로 칼 근본을 바깥쪽으로 밀어서, 상대의 칼끝을 밀어내면서 찌릅니다.

기본 공격 5 샤이틀하우
Scheitelhau

샤이틀하우는 높은 위치에서 채찍처럼 내리치는 고속 오바하우입니다. 초보자는 폼 탁 자세에서 연습해주세요. 이 베기는 알버에 대한 페아젯첸(110쪽)으로도 사용합니다. 페아젯첸으로 사용할 경우 상대와의 거리에 따라서는 상대의 머리를 때릴 수 없는 경우도 있으니까, 그럴 때는 목표를 상대의 머리에서 (좀 더 가까운 위치에 있는) 손으로 변경하거나 칼끝으로 상대를 찔러서 더 이상 접근하지 못하게 해주세요.

※왕관 마크로 표시된 인물이 이 기술의 시범을 보여주고 있습니다.

양쪽 모두 온사이드 폼 탁 자세입니다.

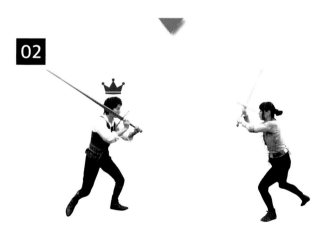

상대가 이쪽의 다리를 노리고 오바하우를 사용합니다.

상대의 칼을 피하기 위해서 오른쪽으로 슬로프 패스하면서, 온사이드로 들고 있던 칼을 중심으로 이동시키고…

채찍으로 상대를 때린다는 느낌으로, 폼멜을 재빨리 들어 올리고 칼끝이 내려가게 합니다. 이때 폼멜이 자기 코보다 높이 올라가지 않도록.

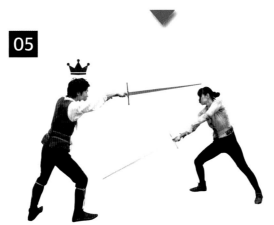

최종적으로 칼은 'ㅅ' 모양으로, 손이 높고 칼끝이 낮은 타격이나 찌르기로 끝납니다.

기본 공격 6 아브젯첸 스러스트
Absetzen Thrust

아브젯첸 스러스트는 자신의 칼로 상대의 칼끝을 밀어내는 움직임 자체가 상대에 대한 찌르기가 되는 테크닉입니다. 오바하우와 찌르기 양쪽에 대해 효과적이고, 바인드 상태에서 펼치는 다양한 테크닉과 깊이 연관된 기술입니다.

초보자 레벨의 아브젯첸 스러스트는 플루크 자세에서 시작합니다. 상대가 오바하우나 찌르기로 공격해올 때 사용하세요. 칼끝은 항상 표적 쪽으로 향합니다. 칼끝을 정점으로 삼각추를 그리는 이미지로, 나선 모양으로 칼을 움직이세요. 표적을 찌르면서 당신 칼의 스트롱(183쪽) 부분으로 상대의 칼을 막아냅니다.

※왕관 마크로 표시된 인물이 이 기술의 시범을 보여주고 있습니다.

01

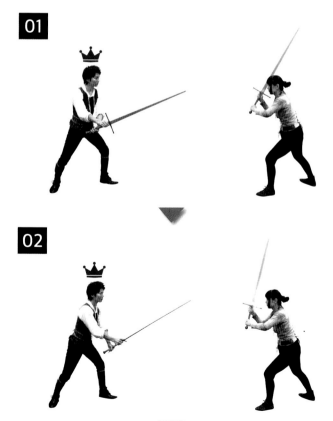

상대의 온사이드 폼 탁에 대해 온사이드 플루크 자세를 취합니다.

02

오바하우로 공격해오는 상대에게 칼끝은 타깃 쪽을 가리킨 채, 폼멜로 크게 U를 그리는 것처럼 움직이기 시작합니다.

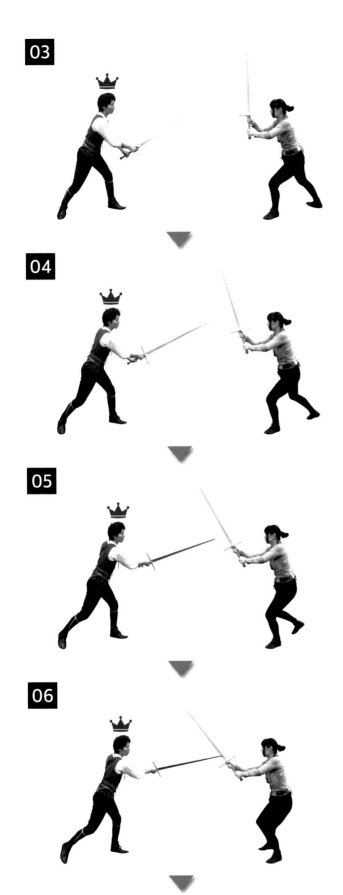

칼끝은 여전히 같은 곳을 가리키고 있지만,
폼멜은 U를 그리면서 중심이 앞쪽으로 이동
합니다.

중심이 앞발에 실리기 시작했을 때 뒷발이 움
직이기 시작하고…

07

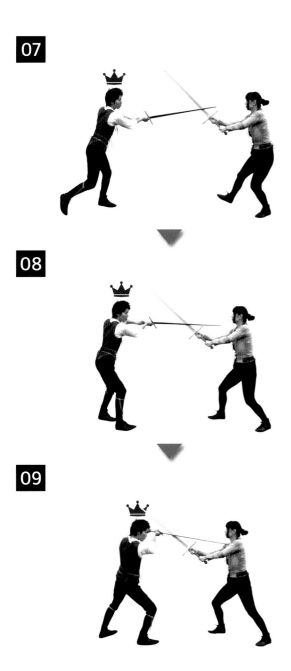

오른손 엄지로 검을 돌려서 찌르면 자신의 칼날이 상대의 칼을 방어하는 형태가 됩니다. 이때 자신의 칼로 상대의 칼을 막아내려고 하는 게 아니라, 어디까지나 상대를 찌르는 쪽을 최우선으로 생각하세요.

08

09

찌르기 완료. 두 손을 옥스(103쪽) 위치까지 올리세요.

응용 공격 1 촌하우
Zornhau

촌하우는 낮은 오바하우에 대한 카운터로 유효한 테크닉입니다. 여기서 말하는 '낮은'이란 상대가 노리는 것이 이쪽의 목 아래, 예를 들어 손을 노리는 등의 경우입니다. 높은 오바하우에 대해서는 츠케르크하우가 유효합니다. '높은'이란 상대가 노리는 것이 이쪽의 머리나 위쪽 키가 큰 상대가 높은 위치에서 내리치는 등의 경우입니다.

상대가 이쪽의 몸 중심선을 노리고 오바하우로 공격해온 경우, 촌하우로 내리친 칼은 상대의 칼을 빗겨나게 한 뒤에 상대의 머리를 때리거나, 칼끝이 상대의 얼굴 앞으로 갈 것입니다.

촌하우는 아래의 연속 사진처럼 팔을 뻗어서 때리는 타입 외에, 상대의 공격 각도에 따라서는 자기 몸에 좀 더 가깝게, 몸 옆에 고정해서 치는 타입이 있습니다.

※왕관 마크로 표시된 인물이 이 기술의 시범을 보여주고 있습니다.

01 양쪽 모두 온사이드 폼 탁 자세를 취한 상태에서…

02 상대가 오바하우로 공격해옵니다.

03

상대의 머리를 노리고 칼을 휘두르기 시작합니다. 초보자는 상대의 칼을 향해서 휘두르는 경우가 많은데, 그러지 않도록 주의하세요.

04

자신의 칼이 상대의 목에 맞았습니다. 촌하우는 적의 칼과 자신의 칼이 직각으로 바인드하는 것이 포인트입니다. 그 결과 상대의 칼을 방어하는 동시에 상대의 손목을 벨 수 있습니다.

다른 각도

【촌하우 상태에서 칼의 각도】
적의 칼에 대해 직각으로 바인드하고 있습니다.

응용 공격 2 폼 탁에서 츠베르크하우
Zwerchau from Vom Tag

옥스에서 츠베르크하우를 할 수 있게 됐으면, 다음은 폼 탁에서도 츠베르크하우를 구사할 수 있도록 연습하세요. 실제 싸움에서는 많은 기술이 폼 탁 자세에서 시작합니다.

※왕관 마크로 표시된 인물이 이 기술의 시범을 보여주고 있습니다.

시작. 양쪽 모두 온사이드 폼 탁 자세를 취하고 있습니다.

상대가 오바하우로 공격해오는데, 이쪽은 폼 탁에서 츠베르크하우로 전환합니다. 먼저 왼손을 밀어 올려서 폼멜을 앞으로 내밉니다.

오른손 엄지로 칼을 바깥쪽으로 틀어줍니다.

04

여기까지의 움직임으로 칼날이 수평이 됐습니다.

05

그대로 프로펠러처럼 휘두릅니다.

06

동작을 마칠 때는 팔을 바깥쪽으로 끝까지 뻗어서 상대의 칼끝을 밀어냅니다.

응용 공격 3 빈덴
Winden

빈덴은 바운드 상태에서 구사하는 일련의 테크닉으로, 최종적으로는 찌르기나 슈니테(177쪽) 형태가 됩니다.

빈덴에는 여덟 가지 형태가 있지만, 지금까지의 해석으로는 두 가지 형태에 상하좌우 네 가지 배리에이션이 있기 때문입니다. 바인드 상태에서 빈덴의 어느 형태를 사용하는 것이 적절한지는 자신의 칼에 압력이 어느 정도 걸려 있는지에 따라 달라집니다. 여기서는 제1 빈덴을 연속으로 보겠습니다.

※왕관 마크로 표시된 인물이 이 기술의 시범을 보여주고 있습니다.

▎제1 빈덴 1st Winden

제1 빈덴은 소프트 바인드(186쪽) 상태에서 유효한 테크닉입니다. 소프트 바인드는 상대의 힘 방향이 똑바로, 당신의 몸 중심선으로 향해 있는 상태입니다. 둘이서 연습할 때는 상대역(빈덴이 걸리는 쪽) 사람에게 당신의 머리 중심을 노리고 오버하우를 사용해달라고 부탁하면 좋습니다.

01 / 다른 각도

바인드 시작. 상대역을 맡은 여성의 칼이 이쪽의 몸 중심선을 노리고 있으니까, 이것은 소프트 바인드입니다.

02 / 다른 각도

폼멜을 올리면서 오른손 엄지로 칼을 시계 방향으로 돌려서, 처음과 반대쪽 칼날로 바인드 합니다.

03

칼을 다 돌린 단계에서 상대의 엄지가 칼날 아래에 오는 섬 그립(101쪽)이 됩니다. 이 회전 동작으로 당신의 칼이 상대의 칼끝을 밀어내고, 자신의 칼끝이 상대를 똑바로 가리키게 됩니다.

04

그 상태에서 똑바로 찌릅니다. 최종적으로 옥스의 배리에이션 같은 형태가 됩니다.

응용 공격 4 두쉬라우픈
Durchlauffen

두쉬라우픈은 이쪽으로 돌진해오는 적에 대한 바인드에서 레슬링으로 이어지는 기술로, 갑옷을 착용한 때도 착용하지 않은 때도 사용할 수 있습니다. 두쉬라우픈에는 다양한 기술이 있고, 아래에 소개하는 것은 어디까지나 그중에 하나의 예입니다.

※왕관 마크로 표시된 인물이 이 기술의 시범을 보여주고 있습니다.

양쪽 모두 온사이드 폼 탁에서 시작합니다. 상대는 오바하우를 하면서 돌진해옵니다.

상대의 힘 방향은 이쪽의 신체 중심선으로 향하고 있습니다. 왼손으로 폼멜을 올리고 칼끝을 오른쪽으로 눕혀서 상대의 길을 받아내면, 이쪽의 중심으로 향하던 상대의 힘이 이쪽의 오른손 쪽으로 빗나가게 됩니다.

눕힌 칼 아래로 오른손을 뻗어서 상대의 목이나 몸을 움켜쥡니다.

오른 다리가 상대의 오른 다리 뒤쪽으로 가도록 발을 내디딥니다. 이때 자신의 몸과 상대의 몸이 가능한 한 밀착되도록 하세요. 자신의 오른쪽 엉덩이로 상대의 오른쪽 엉덩이를 밀치는 이미지입니다.

상대의 몸이 S자 모양으로 굽혀지고 균형이 무너졌을 때 당신의 오른 다리 너머로 적을 던집니다.

08

쓰러진 상대의 갑옷 틈새로 칼을 찔러 넣습니다.

09

실전에서는 반드시 여러 번 찌르세요.

리히테나우어의 네 가지 자세
Liechtenauer's Four Guards

이 책에 나오는 자세와 기술 명칭 표기는 기본적으로 당시부터 이름이 있었던 것은 중세 독일어, 기술을 설명하기 위해서 편의상 붙인 이름은 영어로 표기했습니다.

이번 장에서 나온 자세 중에 폼 탁, 옥스, 플루크, 알버 네 가지는 14세기에서 15세기에 걸쳐 살았던 독일의 검술가 요하네스 리히테나우어(Johannes Liechtenauer)가 이름 지은 것입니다.

각 형태를 연습할 때는 칼끝 위치에 주목하면 익히기 쉬울 겁니다.

예를 들어서 폼 탁 자세는 칼끝이 위로 향하고, 옥스와 플루크는 앞쪽, 알버는 아래로 향합니다.

시간이 흐른 뒤에는 후세의 검술 스승들이 이런 자세를 바탕으로 다양한 배리에이션을 만들어내고 독자적인 이름을 지었습니다.

예를 들어서 104쪽의 슈랑크후트는 알버의 배리에이션이지만, 이 자세는 리히테나우어보다 후대의 링넥(Sigmund ain Ringeck)이 만들고 이름을 지은 것입니다.

C O L U M N

응용 공격 5 피들보우
Fiddlebow

피들보우는 상대의 칼을 빼앗는 디스암(무장 해제) 중 하나로, 갑옷 착용 여부와 상관없이 사용할 수 있는 테크닉입니다.

※왕관 마크로 표시된 인물이 이 기술의 시범을 보여주고 있습니다.

온사이드 폼 탁 자세를 취한 상대에 대해, 정면 쪽으로 칼을 듭니다.

상대가 칼을 휘두르기 시작하면, 동시에 폼멜을 올리기 시작합니다. 왼손을 떼고, 오른손으로 잡은 폼멜 쪽을 올리면서…

칼로 상대의 공격을 막고, 자신은 그 아래로 파고듭니다.

04

왼손을 뻗어서 왼팔로 상대의 칼을 반시계 방향으로 감기 시작합니다. 상대의 칼을 움켜쥘 때까지 바인드 상태를 유지하세요.

05

상대 칼의 키용을 쥐는 것이 이상적이지만, 쥐지 못하더라도 겨드랑이와 손목으로 확실하게 고정할 수만 있으면 됩니다.

06

상대의 칼을 꽉 잡은 상태에서 상대의 폼멜이 시계 방향으로 회전하도록 움직이면 디스암이 가능합니다. 상대가 칼을 그다지 세게 쥐고 있지 않았다면, 붙잡은 칼을 아래쪽으로 내리기만 해도 됩니다.

07

디스암에 성공했으면 바로 오른손에 쥔 자기 칼로 공격합니다.

응용 공격 6 하프 소드와 플레이트 아머
Half-Sword vs Plate Armor

하프 소드는 플레이트 아머 등의 중장비를 상대로 싸우기 위한 테크닉입니다. 플레이트 아머에는 약점이 거의 없고, 통상적인 검을 이용한 공격으로는 갑옷과 그 착용자에게 대미지를 줄 수 없습니다. 하지만 하프 소드라면 가능합니다.

하프 소드는 갑옷의 틈새를 노립니다. 구체적으로는 투구의 아이 슬롯(눈구멍), 목, 겨드랑이, 건틀릿 커프스 틈새, 사타구니 등입니다. 하프 소드 싸움은 그 성질상 접근전이 많아지고 종종 레슬링으로 발전합니다. 여기서는 하프 소드의 콘셉트를 이해하기 위해서 가장 기본적인 싸우는 방법을 소개하겠습니다.

※왕관 마크로 표시된 인물이 이 기술의 시범을 보여주고 있습니다.

┃ 하프 소드 자세

오른손은 섬 그립으로 자루를 쥐고 왼손으로 날 중간쯤을 쥡니다. 날을 잡는 방법에는 다른 방법도 있지만, 틴타겔에서 채용한 것은 칼 옆면만 쥐고 날 부분에 손바닥이나 손가락이 닿지 않도록 하는 방법입니다.

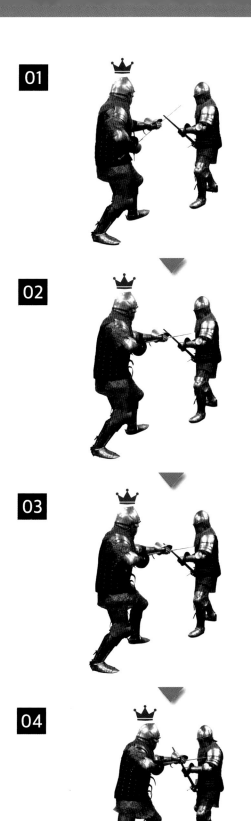

01

02

03

04

겨드랑이 공격
Thrust to the Armpit

하프 소드를 이용한 기본적인 찌르기 방법입니다.

양쪽 모두 하프 소드로 바인드한 상태.

상대의 겨드랑이를 노리고 찌르기 시작합니다.

이때 폼멜을 자신의 가슴에 대고 밀어줍니다.

그대로 스텝해서 상대의 겨드랑이에 칼을 찔러 넣습니다.

겨드랑이 공격 2
Thrust to the Armpit 2

이쪽은 하프 소드에서 한 손 찌르기로 전환하는 기술입니다.

하프 소드로 바인드한 상태에서…

왼손을 놓고 상대의 칼을 밀칩니다.

동시에 오른손으로 칼을 뒤로 빼고…

05

중심을 앞으로 이동시키면서 왼손으로 상대의 검을 계속 밀어주면 상대의 겨드랑이가 비게 됩니다.

06

패스해서 상대의 겨드랑이를 찌릅니다.

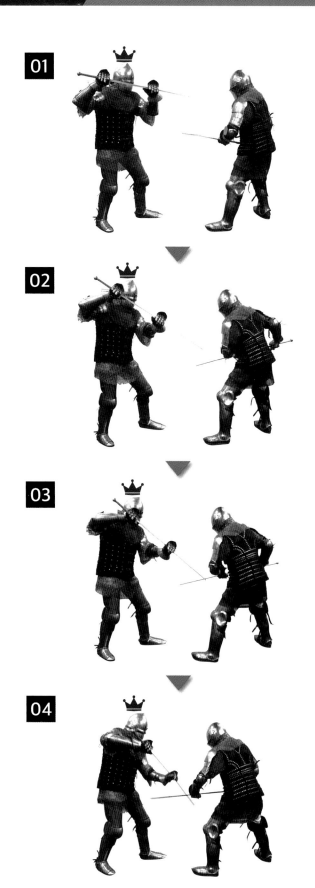

목 공격
Thrust to the Neck

상대가 하프 소드로 이쪽의 사타 구니를 노리는 상황에서의 카운터 테크닉입니다.

하프 소드 자세. 이쪽은 상대의 목을, 상대는 이쪽의 사타구니를 노리고 있습니다.

상대가 이쪽의 사타구니를 찌르려고 하면…

칼끝을 내려서 바깥쪽에서 상대의 칼을 밀쳐 냅니다.

상대가 이것을 다시 밀치는 힘을 이용해서, 이번에는 오른손으로 폼멜을 아래로 내립니 다.

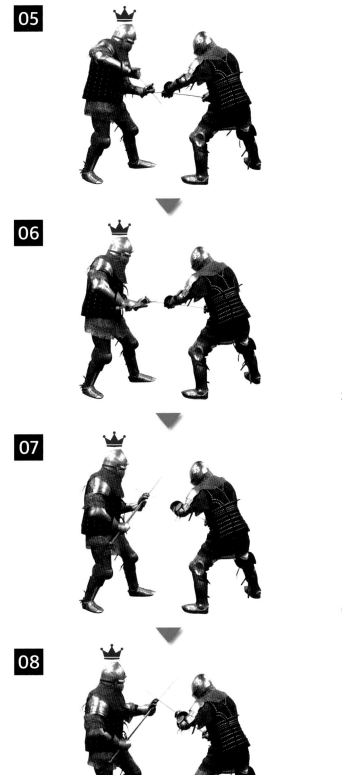

05

06

자신의 검이 시계 방향으로 돌고…

07

칼이 상대 안쪽으로 들어갑니다.

08

그대로 칼끝이 상대의 목을 노리는 찌르기로
들어갑니다.

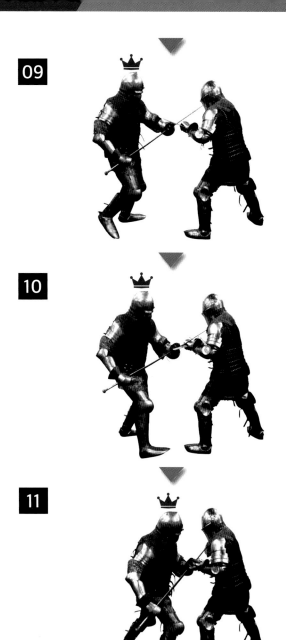

09

목을 조준했으면 패스를 시작합니다.

10

11

이걸로 칼끝이 상대의 목에 꽂혔습니다. 이 각도에서 칼을 앞으로 밀어주면 투구와 목 가리개 틈새로 칼날이 들어갑니다.

Part 7

폴암과 창

Polearm and Spear

서론
Introduction

이번 장의 제목은 '폴암과 창'입니다만, 사실은 창도 폴암에 포함됩니다. '폴암(폴웨폰 또는 스태프웨폰이라고도 합니다)'이라는 이름은 봉(스태프), 창, 도끼창(폴액스) 등 긴 자루를 가진 무기 전체를 가리키는 말이기 때문입니다. 하지만 많은 사람들이 창과 폴암을 별개로 취급하는 경향이 있기 때문에 여기서는 굳이 제목에 '창'을 표기했습니다.

폴암으로 싸우는 방법에는 다양한 스타일이 있는데, 그것들은 하나같이 봉(스태프) 전투에 바탕을 두고 있습니다. 프랑스의 '주 드 러쉬', 독일의 탈호퍼나 마이어, 메이어 등의 유명한 저작물에서도 봉(스태프) 전투 테크닉이 폴암 테크닉의 기본이라고 언급하고 있습니다.

모양도 기술도 다양한 폴암입니다만, 이 책에서는 주로 폴액스와 창에 초점을 두고, 초보자에게 필요한 최소한의 기본 스킬을 소개하겠습니다.

각 부분 명칭
Pole Weapon Terminology

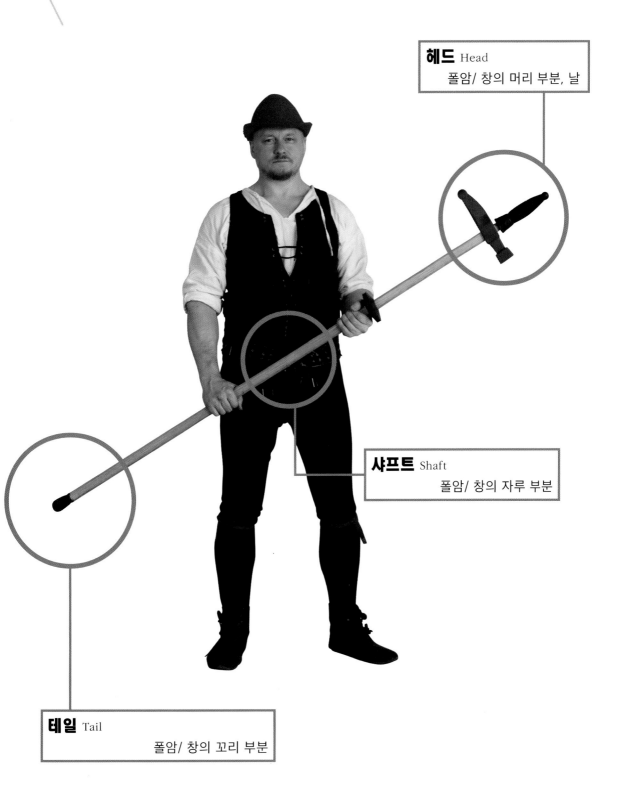

헤드 Head
폴암/ 창의 머리 부분, 날

샤프트 Shaft
폴암/ 창의 자루 부분

테일 Tail
폴암/ 창의 꼬리 부분

기본 그립
Basic Grips for Polearm and Spear

　폴암 싸움은 상당히 다이내믹합니다. 무기의 다양한 부위를 이용한 공격이 있고, 무기를 쥐는 방법이나 잡는 손의 위치도 계속 변화합니다.

　여기서는 먼저 쥐는 방법을 배워보겠습니다. 쥐는 방법을 바꿔서 힘의 방향을 다른 데로 돌릴 수 있습니다. 폴암과 창 쥐는 방법에는 다음과 같은 세 종류가 있습니다.

┃ 양손 엄지손가락이 모두 앞쪽(헤드 쪽)으로 향한다

┃ 양손 엄지손가락이 모두 뒤쪽(테일 쪽)으로 향한다

❘ 양손 엄지가 안쪽에서 마주 본다

잡는 손 위치
Basic Hand Positioning

잡는 방법을 배웠으면 이번에는 손 위치를 배워보겠습니다. 샤프트의 어느 부분을 잡는지에 따라서 팔을 뻗었을 때 폴암이 닿는 거리와 컨트롤 난이도가 달라집니다. 잡는 손 위치에는 '쿼터 스태프'와 '하프 스태프' 두 종류가 있습니다[9]. 쿼터 스태프도 하프 스태프도 창을 포함한 모든 폴암에서 사용할 수 있습니다.

[주9] 이것은 캐슬 틴타겔의 클래스에서 편의상 사용하는 호칭이며 역사적, 일반적인 명칭이 아닙니다.

| 쿼터 스태프 Quarter-Staff

데일에 가까운 쪽을 잡는 방법입니다. 히지만 테일 끝부분은 지근거리에서 싸우게 됐을 때 벗 스트라이크(158쪽)를 사용할 수 있도록 약간 비워두세요. 쿼터 스태프는 폴암이 닿는 거리가 긴 반면, 상대의 무기와 바인드했을 때 컨트롤하기 어렵습니다.

▌ 하프 스태프 Half-Staff

하프 스태프는 헤드에서 앞쪽 손까지 거리와 뒤쪽 손에서 테일까지의 거리가 거의 같은 간격이 됩니다. 바인드했을 때 강한 힘을 발휘할 수 있으며, 동시에 상대의 힘에 영향을 받는 일도 적어집니다. 또한 벗 스트라이크(158쪽) 등 테일을 사용한 공격을 사용하기가 더욱 용이합니다. 이 스타일은 탈호퍼의 폴액스에 관한 기술에서 가장 많이 찾아볼 수 있습니다.

기본 공격 1 온사이드 오바하우
Onside Oberhau

여기서는 폴암 오바하우에 대해 배워보겠습니다. 먼저 전체적인 흐름을 사진으로 본 뒤에 초보자가 흔히 저지르는 실수를 소개하겠습니다. 바른 자세와 움직임으로 오바하우를 구사할 수 있을 때까지 반복해서 연습하세요.

※왕관 마크로 표시된 인물이 이 기술의 시범을 보여주고 있습니다.

상대가 폴암이 닿을 수 있는 거리에 들어오면 무기가 먼저 움직이기 시작합니다.

중심이 앞으로 옮겨가기 시작했을 때 뒷발이 앞으로 나오기 시작합니다.

03

두 팔로 폴암을 휘두르기 시작합니다. 다음 쪽의 '흔히 저지르는 실수'
도 참고해주세요.

04

몸 전체를 사용해서 무기를 끝까지 휘두릅니다.

05

머리가 상대에게 명중했습니다.

┃ 흔히 저지르는 실수 Common Mistakes

    폴암으로 오바하우를 사용할 때 초보자가 저지르기 쉬운 실수가 있습니다. 포인트를 알기 쉽도록 승자의 위치를 오른쪽으로 바꾼 연속 사진으로 보도록 하겠습니다. 왼쪽이 잘못된 예, 오른쪽이 올바른 예입니다. 좌우를 비교하면서 올바른 동작을 마스터하세요.

※왕관 마크로 표시된 인물이 이 기술의 시범을 보여주고 있습니다.

잘못된 예

01

02

좌우 사진을 보며 손 위치를 비교해보세요. 이쪽 사진은 오른손만 움직이고, 왼손은 움직이지 않았습니다.

03

내리칠 때도 오른손만 사용하고, 왼손은 휘두르기 시작했을 때와 같은 위치에 있기 때문에 왼쪽 팔꿈치가 여전히 굽어져 있습니다.

04

팔 힘만 가지고 휘둘렀기 때문에 타격이 어설프게 들어갔습니다.

올바른 예

01

02

오른손과 함께 왼손도 움직이고 있습니다.

03

오른손으로 내리치는 것과 동시에 허리 힘을
사용해서 왼손을 당기고 있어서 왼쪽 팔꿈치
가 펴져 있습니다.

04

타격이 제대로, 온몸의 힘이 폴암을 통해서
전해졌습니다.

기본 공격 2 창을 이용한 랜스 스러스트
Lance Thrust with Spear

랜스 스러스트는 폴암 전반에서 사용할 수 있고, 쿼터 스태프와 하트 스태프 어느 쪽에서도 쓸 수 있는 테크닉입니다. 팔을 완전히 뻗지 않아서 바인드가 되더라도 잘 밀리지 않고, 창끝을 컨트롤하기도 용이합니다. 필요에 따라 셔틀 스러스트(154쪽)로 변경할 수 있습니다.

※왕관 마크로 표시된 인물이 이 기술의 시범을 보여주고 있습니다.

01

공격 시작. 타깃은 상대의 몸통입니다. 사진에서는 쿼터 스태프로 쥐고 있지만, 하프 스태프로도 똑같이 할 수 있습니다.

02

창끝의 위치는 그대로, 팔을 몸에 붙이고 오른손을 올립니다.

03

오른손을 가슴에 대고, 몸과 두 팔로 창을 확실하게 지탱합니다.

04

창을 전방으로 뻗습니다. 이때는 아직 발을
움직이지 마세요.

05

무기를 완전히 뻗은 뒤에 발을 움직입니다.

06

상대의 몸통에 창이 명중했습니다.

기본 공격 3 창을 이용한 랜스 스러스트 2
Lance Thrust with Spear in Armor

같은 기술을 갑옷을 착용한 상태에서 보겠습니다. 앞에서는 상대의 몸통을 노렸는데 이번에는 목을 노립니다.

※왕관 마크로 표시된 인물이 이 기술의 시범을 보여주고 있습니다.

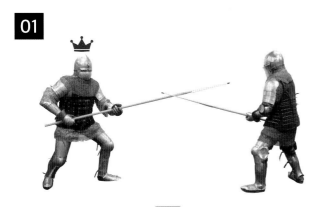

공격 시작. 이 시점에서 창끝은 이미 상대의 목을 겨누고 있습니다.

창끝은 그대로, 오른손은 올리고…

거드랑이로 창을 확실히 고정한 뒤에…

04

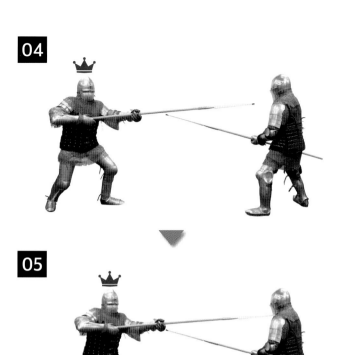

창을 앞으로 뻗어줍니다.

05

무기를 완전히 뻗었으면 앞으로 발 내딛기.

06

창끝이 상대의 목에 명중합니다.

기본 공격 4 창을 이용한 셔틀 스러스트
Shuttle Thrust with Spear

셔틀 스러스트는 앞에서 봤던 랜스 스러스트보다 창이 닿는 거리가 길어지는 것이 특징입니다. 랜스 스러스트보다 스피드가 빠르고 멀리까지 공격할 수 있습니다만, 창끝에 들어가는 힘이 약하고 쉽게 쳐낼 수 있기 때문에, 사용할 상황을 가려야 하는 기술입니다. 랜스 스러스트와 마찬가지로 폴암 전반에서 사용할 수 있지만, 여기서는 창으로 예를 들어보겠습니다.

※왕관 마크로 표시된 인물이 이 기술의 시범을 보여주고 있습니다.

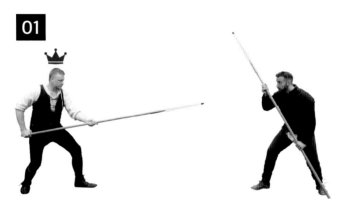

공격 시작. 창이 닿는 최대 거리까지 뻗기 위해서 쿼터 스태프로 쥐었습니다.

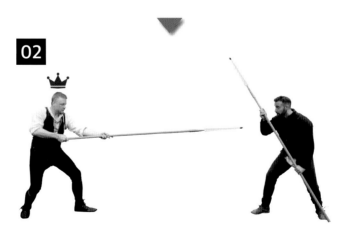

먼저 두 손을 앞으로 뻗습니다. 이때 서두르다가 창이 슬라이드하지 않도록 주의하세요.

03

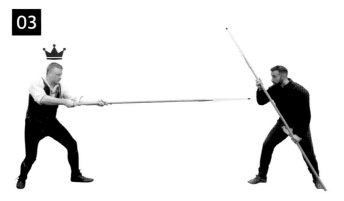

뒤쪽 손(사진에서는 오른손)으로 창을 슬라이드합니다. 이때 과하게 슬라이드 해서 손과 손이 붙어버리지 않도록 주의하세요. 손과 손의 거리가 너무 가까우면 무게 때문에 헤드가 아래로 떨어지게 됩니다. 헤드의 높이를 유지할 수 있는 곳까지만 슬라이드한다고 기억해두면 편리합니다.

04

창을 끝까지 뻗은 상태에서 앞으로 슬라이드하면, 원거리에서도 상대를 찌를 수 있습니다.

기본 공격 5 창을 이용한 오버헤드 스러스트
Overhead Thrust with Spear

　오버헤드 스러스트는 중세 조각이나 회화 등에서 볼 수 있는 기술로, 보통은 양쪽 엄지손가락이 안쪽을 향하는 방법으로 쥐고 사용한 것 같습니다. 중세 교본에서는 이 기술에 대해 거의 언급하지 않지만, 실제로는 상당히 강렬한 찌르기 공격이고 동시에 상대의 무기를 밀쳐내는 위력도 있습니다. 폴암 전반에서 사용할 수 있지만, 여기서는 창을 예로 들어서 보여드리겠습니다.

※왕관 마크로 표시된 인물이 이 기술의 시범을 보여주고 있습니다.

공격 시작. 양쪽 엄지손가락은 안쪽, 쿼터 스태프로 쥐고 있습니다. 목표는 상대의 몸통입니다.

창끝은 상대의 몸통을 목표로 삼은 채, 두 팔로 창을 들어 올립니다.

04

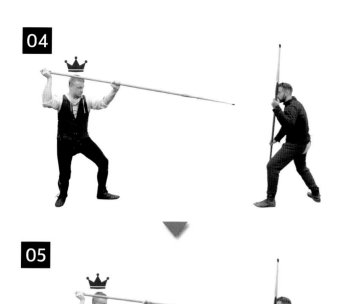

창을 머리 위까지 올렸으면 앞으로 뻗어줍니다.

05

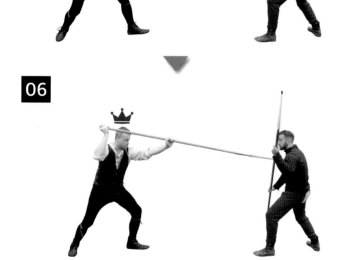

창을 다 뻗었으면 앞으로 발 내딛기.

06

창끝이 상대의 몸통에 명중합니다.

기본 공격 6 벗 스트라이크
Butt Strike

접근전에서는 많은 경우에 폴암의 머리가 아니라 꼬리 부분도 사용합니다. 폴암의 꼬리는 단순히 나무로 만든 자루인 것도 있고 철제 스파이크가 달린 것도 있습니다. 어느 쪽이건 꼬리를 사용한 공격은 유효한 2차 공격입니다. 여기서는 폴액스를 예로 보여드리겠습니다.

※왕관 마크로 표시된 인물이 이 기술의 시범을 보여주고 있습니다.

공격 시작. 폴액스를 하프 스태프로 쥐고 있습니다. 양손 엄지손가락이 앞쪽으로 향하는 방법입니다.

왼손으로 무기를 밀어 올리는 동시에 오른손으로 무기를 당겨주면 폴암의 꼬리가 올라갑니다.

03

거기서부터 무기를 앞으로 내밀고…

04

무기가 완전히 뻗었을 때 앞으로 발을 내딛습니다.

05

꼬리가 상대의 몸통에 명중했습니다.

응용 공격 1 바인드 와인드
Bind/Wind in Armor

롱소드와 마찬가지로 폴암에서도 안전하게 싸우기 위해서는 바인드와 빈덴(124쪽)에 대한 이해가 필수입니다. 일단 무기들이 접촉하면, 공격자는 바인드 상태를 유지하면서 우위성을 유지하고, 무기의 테일을 올려서 타깃과 무기가 직선상에 오도록 합니다.

※왕관 마크로 표시된 인물이 이 기술의 시범을 보여주고 있습니다.

공격 시작. 양쪽 모두 오른쪽 폼 탁 자세를 취하고 있습니다.

양쪽 모두 오바하우로 상대를 공격하려 하기 때문에…

무기가 바인드했습니다.

04

바인드했을 때의 감각으로 상대의 힘이 향하는 방향을 알 수 있습니다. 이 경우에는 상대의 힘이 이쪽의 몸 중심으로 향하고 있습니다.

05

테일을 올려서 타깃(이 경우에는 상대의 목)의 위치와 폴암이 직선상에 놓이도록 합니다.

06

그대로 찌르면 무기 날끝이 상대의 목에 명중합니다.

응용 공격 2 바인드에서 벗 스트라이크까지
Hard Bind, Transition to Butt Strike

바인드에서 벗 스트라이크까지의 흐름을 갑옷을 착용한 상태에서 보도록 하겠습니다. 전반 부분에서 오른쪽 공격자는 바인드 상태에서 공격을 시도하지만, 상대가 강하게 방어하기 때문에 공격을 벗 스트라이크로 변경했습니다.

※왕관 마크로 표시된 인물이 이 기술의 시범을 보여주고 있습니다.

01

공격 시작. 양쪽 모두 엄지손가락이 앞, 하프 스태프로 폴암을 쥐고 있습니다.

02

양쪽 모두 오른쪽 폼 탁에서 오바하우로 상대를 공격합니다.

03

여기서 바인드 상태가 됐습니다.

04

무기의 테일을 들어서 바인드 상태를 유지한 채로 찌르기에 들어갑니다. 여기까지의 흐름은 앞서 설명한 '바인드 와인드'와 같습니다.

05

상대가 이 찌르기를 방어하기 위해서 이쪽의 무기를 세게 밀칩니다.

06

그 힘을 이용해서 폴을 반전시키고, 꼬리를 이용한 찌르기로 전환합니다.

07

무기 방향과 발 움직임에 주목. 꼬리가 타깃에 똑바로 향하게 한 뒤에 발을 내디디세요.

뒷발이 착지하는 기세를 이용해서 꼬리를 상대에게 찔러 넣습니다.

응용 공격 3 바인드에서 던지기까지
Aggressive Bind: Transition to Durchlauffen in Armor

이 예에서는 앞서 두 항목과 마찬가지로 양쪽 파이터가 바인드 상태에 들어갑니다. 거기서부터 상대가 적극적으로 전진해온 경우의 대응책으로서 두쉬라우픈(126쪽)이 있습니다. 갑옷을 장착한 상태에서 보도록 하겠습니다.

※왕관 마크로 표시된 인물이 이 기술의 시범을 보여주고 있습니다.

공격 시작. 이번에 상대는 양손 엄지손가락이 앞, 이쪽은 양손 엄지손가락이 마주 보는 형태로 폴암을 쥐고 있습니다.

양쪽 모두 오른쪽 폼 탁에서 오바하우로 공격하고…

바인드 상태에 들어갈 때까지는 지난번과 같은 흐름입니다.

04

이쪽이 상대의 얼굴을 향해 창끝을 겨누려고
하면, 상대는 이것을 막기 위해 강한 힘으로
자신의 창끝을 이쪽을 향해 겨누려고 합니다.

05

이쪽이 테일을 올리면 바인드하고 있던 상대
의 무기가 미끄러져 떨어지고, 상대의 몸이
(상대 입장에서 봤을 때) 왼쪽으로 회전합니
다.

 06

상대의 무기에 밀려 내려가는 형태로, 자신의
무기 헤드가 아래로 내려갑니다. 이 타이밍에
서 폴을 반전시킵니다.

07

08

09

테일을 상대의 얼굴 앞, 왼발을 상대의 다리 뒤쪽으로 가져가서…

10

자신의 아래 팔과 폴 사이에 상대의 몸을 확실하게 끼워줍니다.

11

그대로 자신의 폴을 앞으로 밀어주면…

12

지렛대 원리로 상대를 쓰러트릴 수 있습니다.

13

14

쓰러진 상대를 찌르기로 마무리합니다.

15

반드시 여러 번 찌르세요.

응용 공격 4 베크세른
Wechseln

베크세른은 상대 공격의 배후(상대의 공격이 지나간 쪽)를 잡는 테크닉입니다. 상대가 공격해오면 이쪽은 자신의 무기 배면(背面)으로 공격합니다. 이렇게 해서 자신이 유리한 위치를 차지하고, 거기서부터 타격이나 던지기 기술로 이행할 수 있습니다.

※왕관 마크로 표시된 인물이 이 기술의 시범을 보여주고 있습니다.

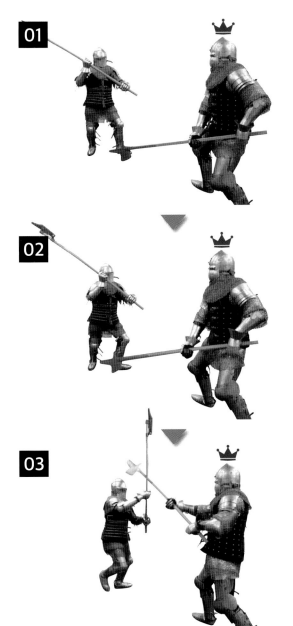

01

공격 시작. 상대는 폼 탁, 이쪽은 알버 자세를 취하고 있습니다.

02

오바하우로 공격해오는 상대의 폴 배면을 자신의 무기 배면으로 공격합니다.

03

이쪽 무기 배면이 상대의 폴 배면을 때린 모습.

이 공격의 방향은 상대의 손바닥이 열리는 방향과 일치하기 때문에…

상대가 무기를 놓칩니다.

상대는 디스암(무장 해제)을 당한 데다 몸이 옆으로 돌아가버렸습니다.

여기서부터 찌르기나 타격으로 마무리합니다.

부록
Appendices

기본 훈련
Basic Exercise for Training

여기서는 여러분이 매일 (도장이나 짐에 오지 않을 때도) 할 수 있는 훈련을 소개하겠습니다.

일반적인 무도와 마찬가지로 중세 무도 습득에도 어느 정도 신체적인 강도가 필요합니다.

하지만 일본에서 중세 무도를 배우는 사람들 대부분이 학교에서 배운 체육 수업 외에는 운동다운 운동을 해본 적이 없는 것이 현실입니다. 사실 검도나 유도, 가라테 등에 비해서 중세 무도는 아직 마이너 스포츠의 영역을 벗어나지 못했고(2020년 현재), 많은 입문자들이 이 스포츠를 시작하기 전에는 역사 연구나 게임, 독서 등의 문과계 취미밖에 해본 적이 없기 때문입니다.

그래서 여기서는 아직 무도를 위한 체력을 만들지 못한 분을 대상으로 하는 메뉴를 소개하겠습니다.

이미 운동 경험이 충분히 있고 훈련 방법을 알고 계신 분은 다음 항목 중에서도 도움이 될 것 같은 훈련을 골라서 자신의 메뉴에 추가해보세요.

| 훈련 준비

훈련을 처음 시작한 단계에서는 특별한 복장이 필요 없습니다. 운동하기 쉬운 티셔츠나 운동복, 익숙한 운동화면 충분합니다.

처음에는 맨몸 운동에 집중해주세요. 벤치프레스나 덤벨 같은 특별한 도구는 필요 없습니다.

| 기본 다섯 종목

초보자분은 먼저 다음 다섯 종목부터 시작해보세요.

1. **팔굽혀펴기**
2. **크런치**[1] **또는 싯업**(복근)[2]
3. **스쿼트**
4. **플랭크**
5. **힙 스러스트**(테이블)

(1) 크런치 : 허리가 땅에서 떨어지지 않는 범위에서 윗몸을 일으킨다.
(2) 싯업 : 허리가 완전히 떨어질 때까지 윗몸을 일으킨다.

팔굽혀펴기

팔을 어깨너비로 벌리고, 어깨 아래에 손을 짚은 상태에서 시작합니다. 양팔을 굽히고, 가슴이 바닥에 닿을 때까지 팔을 내렸다가 원래 위치로 돌아옵니다. 등을 굽히거나 엉덩이만 오르락내리락하면 안 됩니다. 도저히 몸이 올라가지 않는 분은 무릎을 댄 상태에서 할 수 있게 될 때까지 연습하세요.

몸 틀기 싯업 (복근)

양쪽 무릎을 살짝 굽히고 똑바로 누운 상태에서 윗몸을 일으킵니다. 사진에서는 몸을 틀었는데, 처음에는 몸을 똑바로 일으키기만 해도 충분합니다. 상반신 전체를 일으키지 못하는 사람은, 양쪽 어깨만 들어 올리는 '크런치'로 하세요.

스쿼트

스쿼트의 중요한 포인트는 양쪽 무릎이 발끝보다 앞으로 나가지 않는 것, 그리고 양쪽 발 엄지발가락 쪽에 중심을 두는 것입니다. 균형이 무너지기 쉬운 사람은 사진처럼 두 팔을 앞으로 뻗고서 해보세요. 앉았을 때 새끼발가락 쪽에 체중이 실리는 사람은 엄지발가락에 체중이 실리도록 의식하면서 연습해보세요.

플랭크

플랭크
양쪽 손과 발을 어깨너비만큼 벌리고, 팔꿈치를 바닥에 수직이 되도록 합니다. 윗몸일으키기와 마찬가지로 등을 똑바로 편 자세를 유지해주세요. 초보자는 1세트당 20초부터 시작해서 유지하는 시간을 서서히 늘려주세요. 1세트에 60~90초 정도를 유지할 수 있을 때까지 연습하세요.

힙 스러스트 (테이블)

양쪽 무릎을 굽히고 발을 어깨너비로 벌리고 바닥에 앉습니다. 뒤꿈치로 버티고, 엉덩이 근육을 사용해서 몸이 똑바로 펴질 때까지 들어 올립니다. 등을 뒤로 젖히거나 허벅지 앞쪽에 힘이 들어가지 않도록 주의하세요.

| 훈련 방법

훈련 첫날에는 자신의 지금 체력이 어느 정도인지 알기 위해서 팔굽혀펴기, 스쿼트, 크런치 또는 싯업 세 종목을 각각 10회씩, 합계 3세트를 시도해보세요. 여유가 있으면 프랭크 등의 종목을 추가하거나 횟수나 세트 수를 늘립니다. 힘들다면 가능한 범위까지 횟수를 줄이는 쪽으로 조절하면 됩니다.

팔굽혀펴기가 안 되는 분은 무릎을 바닥에 대고 해보세요.

싯업이 힘든 분은 크런치로 대용해주세요.

처음에는 많은 횟수를 해내는 것보다 습관화하는 것을 목표로 합니다. 아침 세수하기 전, 취침 전 등 매일 정해진 시간대에 운동하는 습관을 들이세요. 일 때문에 시간을 내기 힘들 때는 1종목 1세트씩만이라도 좋습니다. 매번 완벽하게 하지는 못해도 매일 계속하면 반드시 효과가 있습니다.

훈련 세트 수는 단계적으로 늘려가세요. '매일 각 종목을 10회씩 1세트'. 이것을 2주 동안 계속했다면 '각 종목을 10회씩 2세트'. 그걸 또 2주 동안 했다면 '각 종목을 10회씩 3세트'. 이렇게 조금씩 난이도를 높여보세요.

| 훈련하는 습관이 생겼다면

매일 훈련에 익숙해졌다면 다른 종목도 루틴에 추가해보세요. 최종적으로는 팔굽혀펴기, 스쿼트, 싯업, 플랭크, 힙 스러스트(테이블) 다섯 종목 모두를 매일 할 수 있게 되는 것이 목표입니다.

더 단련하고 싶은 분은 싯업에 좌우로 트는 동작을 추가하거나, 앞서 말한 다섯 종목에 버피[3]를 추가하면 좋습니다.

위에서 말씀드린 훈련을 전부 클리어했다면 카드 트레이닝[4]에 도전해보세요.

(3) 버피 운동 방법은 다음과 같습니다.
1. 자연스러운 자세로 바로 선다.
2. 앉아서 발 양쪽, 약간 비스듬히 전방에 두 손을 짚는다.
3. 그 상태에서 양쪽 발을 뒤쪽으로 뻗어서 팔굽혀펴기 자세가 된다.
4. 팔굽혀펴기를 한 번 한다.
5. 발을 원래 위치로 되돌린다.
6. 힘차게 일어나서 그대로 가볍게 점프한다.

(4) 트럼프를 사용한 훈련. 트럼프 52장+조커를 섞어서 뒤집어놓고, 위에서부터 순서대로 뒤집어서 스페이드가 나오면 윗몸일으키기, 하트가 나오면 싯업, 다이아가 나오면 스쿼트, 클럽이 나오면 힙 스러스트를 각 카드에 적힌 숫자만큼 한다. J, Q, K는 어느 종목이건 10회, 에이스는 11회, 조커가 나오면 버피를 10회. 이것을 카드를 전부 소모할 때까지 반복한다.

자주 사용하는 용어집 Glossary

여기서는 기사도를 배울 때 특히 자주 사용하는 용어를 발췌해서 소개합니다.

공격 종류를 가리키는 용어

※왕관 마크로 표시된 인물이 이 기술의 시범을 보여
주고 있습니다.

| 하우 Hauen

칼날 부분으로 상대를 때려서 베는
공격. 힘이 충분히 실린 하우는 경장비
(12쪽) 이하의 적을 일격에 쓰러트리는
위력이 있습니다.

| 슈티시 Stechen

칼끝으로 상대를 찌르는 공격. 적절
하게 노렸다면 상대에게 치명상을 입힐
수 있습니다.

슈니테 Schnitte

칼날 부분으로 적을 그어서 베는(슬라이스) 공격. 갑옷이 없는 적에게 부상을 입힐 수 있지만, 경장비(12쪽) 이상의 적에게는 효과가 없습니다.

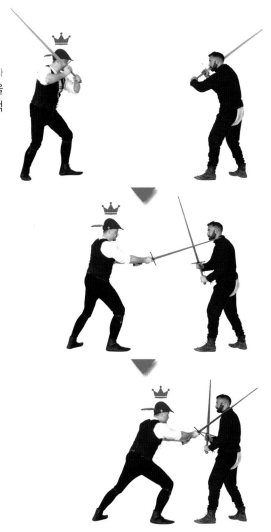

칼날을 상대에게 확실하게 대고서 밀거나 당깁니다.

드라이 분더 Drei Wunder

하우, 슈티시, 슈니테 세 가지 공격을 통틀어서 '드라이 분더'라고 합니다.

상대와의 거리를 가리키는 용어

캐슬 틴타겔의 기사도 레슨에서는 상대와 자신 사이의 거리(사거리)를 다음과 같이 정의하고 있습니다.

※왕관 마크로 표시된 인물이 이 기술의 시범을 보여 주고 있습니다.

| 아웃 오브 레인지 Out of Range

사거리 밖. 패스(20쪽)를 한 걸음 해도 무기가 적에게 닿지 않는 거리.

| 롱 레인지 Long Range

패스를 한 걸음 하면 무기가 적에게 닿는 거리.

| 미디엄 레인지 Medium Range

스텝(18쪽)을 한 걸음 하면 무기가 적에게 닿는 거리.

| 숏 레인지 Short Range

이동하지 않아도 무기가 적에게 닿는 거리.

| 제로 레인지 (또는 레슬링 레인지) Wrestling Range

이동하지 않아도 상대의 신체를 잡을 수 있는 거리.

전황을 나타내는 용어

| 포어 Vor

전투 중에 자신이 우세한 상태를 뜻하는 말. 포어 상태에서는 자신이 싸움의 주도권을 쥡니다. 어떻게 움직이고 어떻게 공격할지에 대한 결정권은 당신에게 있고, 상대는 당신의 움직임에 대응하는 수밖에 없습니다.

| 나하 Nach

전투 중에 자신이 열세인 상태를 뜻하는 말. 나사 상태에서는 적이 싸움의 주도권을 쥐고, 당신은 상대의 공격에 대응하는 수밖에 없습니다. 나하 상태가 되면 재빨리 거기서 이탈(=압츠크, 182쪽)하는 것을 생각해야만 합니다.

왼쪽 파이터가 포어, 오른쪽 파이터가 나하 상태.

| 인데스 Indes

전투 중에 어느 파이터도 주도권을 쥐지 못한 순간을 뜻하는 말. '인데스 중인 싸움'이란 전투 중에 어느 파이터도 주도권을 쥐지 못한 상태에서 한쪽 파이터가 퓔런(186쪽)을 사용해서 상황을 인식하고, 적절한 타이밍을 선택해서 주도권을 쥐는 것을 말합니다.

예를 들어서 두 파이터가 무기를 바인드(186쪽)했는데, 그 순간은 어느 쪽도 주도권을 쥐지 않은 상태라고 가정합니다. 하지만 다음 순간, 한쪽 파이터가 상대의 바인드가 너무 강하다는 것을 알아차리고 하드 바인드(186쪽)에 적합한 카운터 기술을 적절히 사용하면, 상대는 여기에 반응하는 수밖에 없고, 카운터를 사용한 쪽이 주도권을 쥐게 됩니다. 이 주도권이 없는 상태에서 다음 기술로 이행할 때까지의 상태가 인데스입니다.

전투 중의 국면을 가리키는 용어

※왕관 마크로 표시된 인물이 이 기술의 시범을 보여주고 있습니다.

| 츠페히텐 Zufechten

싸우기 전에 아웃 오브 레인지(178쪽)에서 상대의 역량을 확인하거나 전략을 짜는 국면을 츠페히텐이라고 합니다.

아웃 오브 레인지에서 상대를 확인하며 전략을 짭니다.

전략대로 된다면 첫 공격으로 상대를 쓰러트릴 수 있습니다.

| 크리크 Krieg

전투 국면. 츠페히텐에서 공격으로 이행하면 양쪽의 움직임이 빨라지고 일일이 작전을 생각할 시간이 없어집니다. 머리로 생각하지 말고 상대의 움직임에 반응해서 움직이는 상태를 크리크라고 합니다.

┃ **압츠크** Abzug

퇴각. 크리크 중에 자신이 나하(180쪽)가 되면, 재빨리 전투에서 이탈해야 합니다. 이 이탈 국면을 압츠크라고 합니다.

크리크(전투) 중에 자신이 나하(열세)가 되면…

재빨리 **퇴각**(압츠크)합니다.

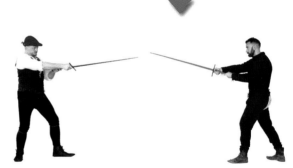

압츠크에서는 자기 몸이 먼저, 무기가 나중에 물러납니다. 칼끝을 항상 상대 쪽으로 겨눠서 상대가 추격해 오지 못하도록 하세요.

압츠크로 일단 적에게서 떨어지고 태세를 바로잡은 뒤에는, 타시 츠페히텐으로 돌아가서 전략을 짭니다. 즉, 츠페히텐→크리크→압츠크의 흐름은 승부가 날 때까지 그림과 같이 순환합니다.

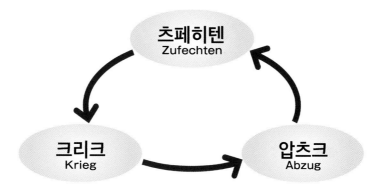

무기 부위의 강약을 가리키는 용어

| **스트롱** Strong

　칼날 중심에서 손까지 부분

| **위크** Weak

　칼날 중심에서 칼끝(=포인트)까지 부분

공격 방향을 가리키는 용어

온사이드 Onside

공격자가 사용하는 손과 같은 쪽을 '온사이드'라고 합니다. 예를 들어 당신이 오른손잡이라고 가정했을 때, 상대의 왼쪽(=상대방이 봤을 때 왼쪽)을 공격한 경우, 당신은 온사이드 타깃을 공격한 것이 됩니다. 사용하는 무기나 쥐는 방법에 따라 예외도 있지만, 초보자 때는 '자신이 주로 사용하는 손 쪽=온사이드'라고 기억해두면 됩니다.

오프사이드 Offside

공격자가 사용하는 손과 반대쪽을 '오프사이드'라고 합니다. 예를 들어 당신이 오른손잡이라고 가정했을 때, 상대의 오른쪽(=상대방이 봤을 때 오른쪽)을 공격한 경우, 당신은 오프사이드 타깃을 공격한 것이 됩니다. 사용하는 무기나 쥐는 방법에 따라 예외도 있지만, 초보자 때는 '자신이 주로 사용하는 손과 반대쪽=오프사이드'라고 기억해두면 됩니다.

■ 오프사이드와 온사이드

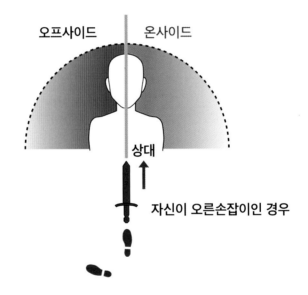

인사이드 Inside

'인사이드'와 다음에 설명할 '아웃사이드'는 상대를 공격할 때의 이동 방향을 가리키는 개념입니다. 상대가(상대 기준으로) 왼발을 앞에 두고 서 있는 경우, 그 왼발보다 안쪽, 즉 상대가 봤을 때 오른쪽으로 공격하거나 이동하는 것을 '인사이드 어택'이라고 하거나 '상대의 인사이드로 이동한다'고 합니다.

아웃사이드 Outside

앞서 설명한 인사이드의 반대쪽을 가리키는 개념입니다. 상대가(상대 기준으로) 왼발을 앞에 두고 서 있는 경우, 그 왼발보다 바깥쪽, 즉 상대가 봤을 때 왼쪽으로 공격하거나 이동하는 것을 각각 '아웃사이드 어택', '아웃사이드로 이동'이라고 합니다.

■ 인사이드와 아웃아이드

옆에서 본 그림

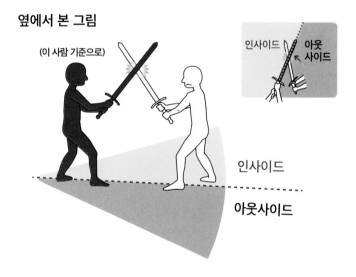

위에서 본 그림

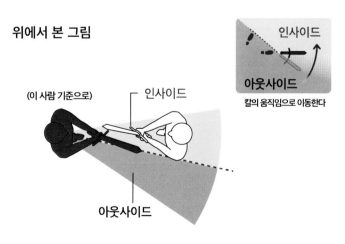

기타

▌ 바인드 Bind

서로의 무기가 접촉한 상태. 양쪽이 상대의 어디를 타깃으로 삼았는지에 따라서 소프트 바인드부터 하드 바인드까지 강도의 범위가 있습니다.

아래 그림처럼 자신이 봤을 때 상대의 중심에서 오른쪽을 타깃으로 삼았을 경우, 바인드는 소프트 바인드가 됩니다. 상대의 정확히 중심을 타깃으로 삼았을 때도 소프트 바인드입니다.

자신이 봤을 때 상대의 몸 중심보다 왼쪽을 타깃으로 삼았을 때, 그 바인드는 하드 바인드가 됩니다.

소프트 바인드도 하드 바인드도 공격 방향이 상대의 어깨보다 바깥쪽으로 벗어나면 공격은 맞지 않습니다.

※왼손잡이인 분은 이 설명의 좌우를 반대로 읽어 주세요.

검의 바인드

창의 바인드

■ 하드 바인드와 소프트 바인드

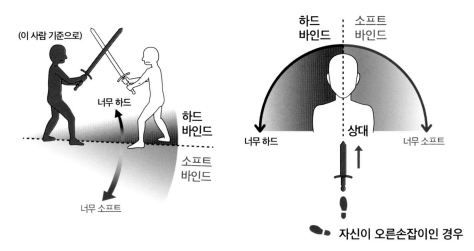

▌ 퓔렌 Fühlen

서로의 무기가 바인드(위쪽 참조)한 상태에서 느끼는 상대의 힘의 방향이나 강도.

라이트 배틀 룰 세트(2019년판)

| 비기너 룰 Beginner Rules

펀치, 킥, 레슬링 금지.
무기 꼬리(폼멜)로 공격 금지.
칼끝이나 날 부분이 조금이라도 상대에게 닿으면 유효한 공격으로 간주.
손, 팔, 다리에 무기가 히트하면 각 1포인트.
2포인트제라면 2포인트, 3포인트제는 3포인트를 먼저 따낸 쪽이 승리.
상대의 머리 또는 몸통에 히트한 경우에는 그 시점에서 승리.

| 어드밴스 룰 Advanced Rules

펀치, 킥, 레슬링 가능. 단, 펀치와 킥은 포인트 대상이 아님.
칼끝이나 날 부분이 가볍게 닿은 정도는 기본적으로 무효.
손, 팔, 다리에 무기가 히트하면 각 1포인트.
무기 꼬리(폼멜)에 의한 히트는 양손검으로 얼굴을 히트한 경우에만 유효하며 1포인트, 3포인트를 먼저 따내면 승리.
머리 또는 몸통에 히트, 그리고 레슬링으로 상대를 쓰러트린 경우, 그 시점에서 승리.

| 퍼스트 터치 룰 First Touch Rules

상대의 몸 어디건 먼저 무기가 닿은 쪽이 승리.
칼끝이나 블레이드 부분이 조금이라도 상대에게 닿으면 그 시점에서 승리.

아머드 배틀 룰 세트 (2019년판)

10쪽에서 말했던 것처럼, 아머드 배틀의 룰 세트는 크게 당시 기사의 실전 테크닉에 좀 더 가까운 방식으로 싸울 수 있는 **갑옷 전투**(Harnischfechten)와 중세의 토너먼트 파이트를 모방한 **부허트**(Buhurt)로 나뉩니다.

다음은 각 스타일의 룰 세트입니다.

◆ 갑옷 전투 룰 세트 (2019년판)

갑옷 전투에서는 찌르기와 급소에 대한 공격, 쓰러진 적을 공격하는 것이 제한적으로 허가되는 대신, 안전을 고려해서 라탄으로 만든 시뮬레이터(검이나 창 모양의 연습용 도구)를 사용합니다.

갑옷 전투의 룰은

【펀치, 킥, 레슬링 유무】+【룰 명칭】 (+【룰 명칭】)

위와 같은 서식으로 표기됩니다. 펀치, 킥, 레슬링이 없는 것은 **비기너**, 있는 것은 **어드밴스**입니다. 비기너 또는 어드밴스 뒤에 승부 판정 방법을 뜻하는 **베이직**과 **카운티드 블로즈** 등의 룰 명칭이 붙습니다.

예를 들어 '비기너 베이직'은 펀치, 킥, 레슬링 없이 베이직 룰에 따라 싸운다는 의미이며, '어드밴스 3 카운티드 블로즈 플레이트 애즈 프루프'는 펀치, 킥, 레슬링이 가능하며 3 카운티드 블로즈와 플레이트 애즈 프루프 룰에 따라 싸운다는 의미가 됩니다. 아래에서 항목별로 설명하겠습니다.

┃ 비기너 Beginner

펀치, 킥, 레슬링 금지. 손목 아래와 무릎 아래에 대한 공격 금지.

┃ 어드밴스 Advanced

펀치, 킥, 레슬링 가능. 무릎 아래 공격 가능. 관절기 금지.

┃ 베이직 Basic

머리, 몸통에 무기를 이용한 유효타[5]를 명중시키면 그 시점에서 승리. 팔, 다리에 유효타가 들어가면 그 시점에서 공격당한 팔과 다리는 쓸 수 없게 된다. 팔에 유효타를 두 번 명중하거나 다리에 유효타를 두 번 명중해도 승리. 단, 한쪽 팔과 한쪽 다리에 유효타를 명중한 상태에서 상대가 아직 무기를 사용할 수 있는 상태라면 다음 유효타가 명중할 때까지 시합을 속행한다.

┃ 카운티드 블로즈 Counted Blows

사전에 정해진 횟수의 유효타를 상대보다 먼저 명중한 쪽이 승리.

머리, 몸통, 팔다리 부위에 상관없이 '3 카운티드 블로즈'라면 3회, '5 카운티드 블로즈'라면 5회를 먼저 명중한 쪽이 승리.

| 플레이트 애즈 프루프 Plate as Proof

갑옷의 약점에 대한 공격만 유효. 장비한 갑옷에 따라 유효 범위가 다르다. 예를 들어 플레이트 메일의 경우, 판금으로 가려진 부분에 대한 공격은 모두 무효. 체인 메일의 경우, 사슬로만 덮여 있는 부분은 전부 유효 부위가 된다.

(5) 유효타(Good Hit)는 아머드 배틀의 경우 충분히 강한 타격이 아니면 상대에게 유효하다고 인정되지 않습니다. 따라서 슈니테(177쪽)나 손목 스냅만을 사용한 타격은 무효가 됩니다.

◆ 부허트 룰 세트(2019년판)

실전을 가정한 갑옷 전투와 달리 부허트는 시합용으로 디자인된 스파링 시스템입니다. 철제 시뮬레이터를 사용하기 때문에 안전성을 고려해서 찌르기나 급소 공격, 쓰러진 적에 대한 공격 등은 일절 금지합니다.

일본에서는 STEEL! 공식전에서 사용하고 있기에 STEEL! 룰이라고 부르기도 합니다.

| 듀얼 Duel

1 대 1로 싸우는 개인전 룰. 펀치, 킥, 레슬링 가능. 제한시간 안에 상대에게 더 많은 유효타를 명중한 쪽이 승리. 단, 펀치와 킥은 유효타로 인정하지 않는다. 디스암(상대의 무기를 빼앗는 행위), 스로 다운(상대를 바닥에 쓰러트리는 행위), 그리고 스로 다운 이후에 상대의 몸을 무기로 건드린 경우에는 보너스 포인트가 부여된다. 자신의 실수로 무기를 떨어트리거나 혼자서 넘어진다든지 넘어진 뒤에 상대의 무기에 닿은 경우에는 상대에게 보너스 포인트가 부여된다.

| 밀리 Melee

복수 대 복수로 싸우는 단체전 룰. 펀치, 킥, 레슬링 가능. 제한시간 안에 상대 팀 파이터를 더 많이 쓰러트린 팀이 승리. 한번 쓰러진 파이터는 그 라운드가 끝날 때까지 일어나면 안 된다.

갑옷 장착 순서

01

아밍 재킷(상의)과 타이츠, 중세화를 신은 상태.

02

중세화 위에 사바톤을 장착합니다.

03

사바톤

04

정강이를 가리는 그리브를 장착합니다.

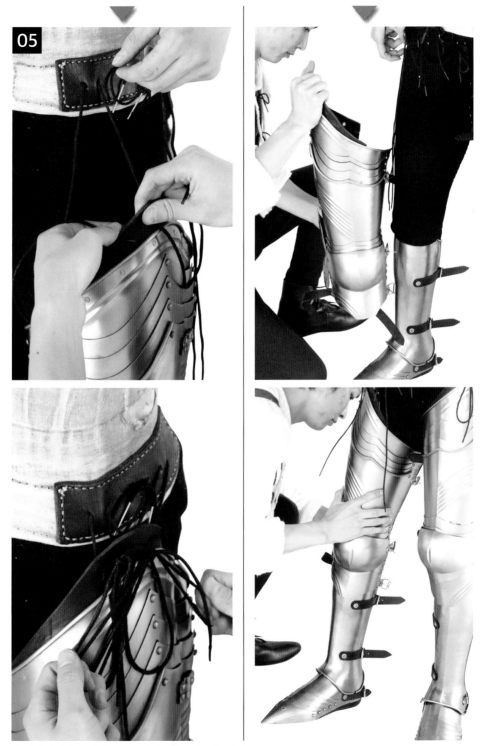

05

아밍 재킷에서 늘어진 끈으로 다리 갑옷을 묶어줍니다.

06

이걸로 허벅지 아래쪽 갑옷을 전부 장착했습니다.

07

목 주위에 체인(6), 허리에 체인 스커트를 장착합니다. 그 밖에 보이더스(Voiders)라고 하는 겨드랑이 보호용 체인을 장착하는 경우도 있습니다.

(6) 이번 촬영에서는 '체인 스탠더드(Chain Standard)'라는 방어구 대신 사진의 체인을 이용했습니다.

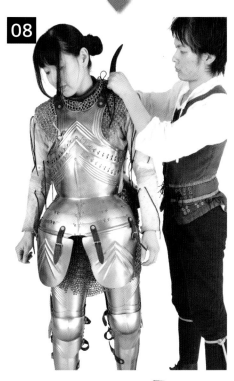

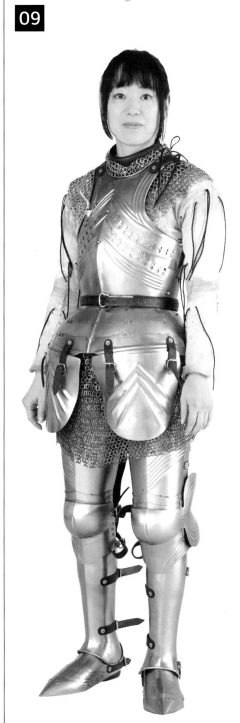

몸통 갑옷을 착용하고, 옆선을 맞춘 뒤에 핀으로 고정합니다.

몸통 갑옷까지 장착한 상태

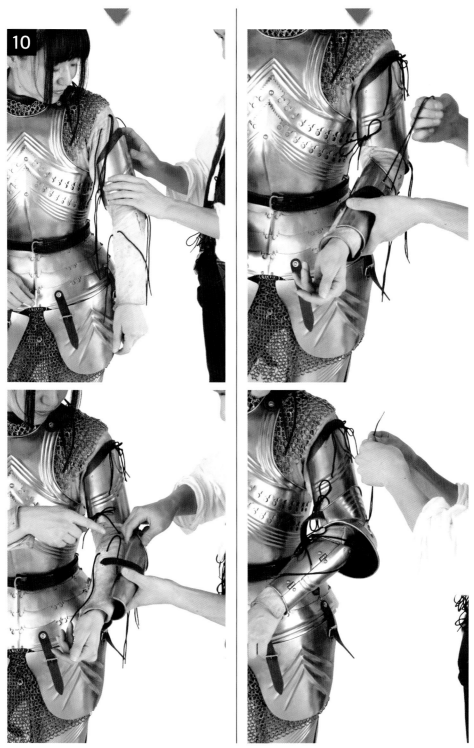

팔 갑옷을 장착합니다. 팔 갑옷은 위팔, 팔꿈치, 아래 팔까지 4개의 파트로 나뉘어 있고, 각 파트를 끈으로 묶어서 고정합니다.

11

양팔 갑옷까지 장착한 상태.

12

목에 감은 체인 스탠더드에 어깨 가리개를 묶어줍니다.

13

투구를 쓰고 턱끈을 조입니다.

건틀릿을 찹니다.

연습용 갑옷과 진짜 갑옷의 차이
The Difference between Practice Armor and Historical Armor

　연습용 갑옷은 역사 속에 실제로 존재했던 갑옷을 바탕으로, 소재도 디자인도 가능한 한 충실하게 재현했습니다. 하지만 스포츠로서 싸우는 이상 안전을 고려해서 의도적으로 사양을 변경하는 부분도 있습니다.

　예를 들어 투구는 당시에 사용했던 것보다 두껍게 만들어서 그만큼 무거워졌고, 목에는 당시에 존재하지 않았던 '고지트'라는 방어구를 장착했습니다. 14세기의 건틀릿은 다섯 손가락이 다 있는 것만 존재했지만, 연습에서는 벙어리장갑 모양을 사용합니다. 그리고 남성 격투기용 낭심보호대, 여성은 골반 방어구를 갑옷 아래에 장착합니다.

뢰굼클로스터(Løgumkloster) 교회의 성유물 보관소에 그려진 성 모리스. '코트 오브 플레이트'라고 불리는 갑옷을 입고 있다. (사진의 라이센스는 다음 페이지 참조)

연습용 갑옷 세트를 장착한 모습.

목에 고트라고 불리는 방어구를 장착.

연습용 벙어리장갑 건틀릿. 다섯 손가락처럼 보이도록 디자인했지만, 실제로는 집게부터 새끼손가락까지 한 덩어리로 이어져 있다.

캐슬 틴타겔 연혁
History of Castle Tintagel

　　캐슬 틴타겔은 2008년 7월 9일 제이 노이즈가 현 소재지인 도쿄도 도시마구 메지로에 창립했습니다.

　　당시에 창고였던 건물을 개축해서 현재의 본관이 탄생. 처음 몇 년 동안은 독일 검술(현재의 라이트 배틀의 전신), 지금보다 심플한 룰의 아머드 배틀을 가르쳤으며, 중세 의상 만들기를 배우는 재봉 교실, 당시의 무도를 배우는 댄스 클래스 등 다양한 클래스를 개강.

　　2013년 프랑스에서 개최된 아머드 배틀 세계대회 출전을 계기로 아머드 배틀 중·상급자를 위한 룰로 펀치, 킥, 던지기 기술을 도입. 다음 해에는 라이트 배틀에도 같은 룰을 도입했습니다.

　　스쿨의 방침은 오로지 '중세 기사 무도의 재현'. 따라서 연습용 갑옷과 무기의 재질에도 고집해서 가능한 한 당시 기사들과 같은 소재, 같은 중량의 기어를 사용해 훈련하고 있습니다.

【연락처】
전화 : (일본) 080-3690-8657
우편번호 171-0031 일본 도쿄도 도시마구 메지로 4-13-3 야마토 창고 B

【홈페이지】
https://www.castletintagel.com/

저자 약력 Author Biographies

┃ 제이 에릭 노이즈 Jay Eric Noyes

1968년 미국 미주리주 출생. 캐슬 틴타겔 대표, 재팬 아머드 배틀 리그 대표. 서양 중세 검술 컨설턴트

【약력】

1993 미국 중세 문화 재현단체 'Society for Creative Anachronism'에 소속
2000 중세 문화 재현단체 '아발론' 설립. 2010년까지 단장을 맡았다.
2006 독일 부퍼탈의 고무술 스쿨에서 스테판 디케에게 사사
2007 서양 검술 스쿨 '나이트 스쿨' 창설
2008 '캐슬 틴타겔' 및 '틴타겔 주식회사' 창립
      캐슬 틴타겔 대표, 틴타겔 주식회사 CEO 취임
2012 미국 중세 서양 펜싱 포럼 결승전 우승
2013 '재팬 아머드 배틀 리그' 창립
      일본 팀을 결성해서 Battle of Nations 프랑스 대회 참전
2014 일본 팀을 결성해서 International Medieval Combat Federation(IMCF)
      스페인 대회 참전
2015 일본 팀을 결성해서 IMCF 폴란드 대회 참전
2018 '미디벌 배틀 스포츠 시스템'[7] 제창

(7) 무기를 사용하는 중세 격투기 스파링 룰과 경기 포맷, 순위 결정 방식 등을 공식화해서 유파가 다른 사람들 간에도 시합이 가능하도록 고안한 플랫폼.

┃ 마루야마 무쿠 Muku Maruyama

1966년생. 작가, 필자, 강사.

【약력】

1999 『링테일- 승전의 너』로 제6회 덴게키 게임소설 대상 수상
2005~2020 문화센터 토큐 세미나 BE에서 창작 강좌 담당
2010 '어른의 문장 학원 무쿠암' 창설

【저서】
『링테일』 시리즈』(덴게키문고), 『이야기 만드는 방법 입문편 7가지 레슨』(라이초샤), 『치어☆댄 '여고생이 치어 댄스로 미국을 제패했던 진짜 이야기'의 진실』(가도카와문고) 등

【홈페이지】
어른의 문장 학원 무쿠암 bunsho-juku.com

협력자 소개

| 가가와 세이카

재팬 아머드 배틀 리그 '도라코네즈' 팀
소속
서양 검술 경력 10년
특기 무기는 롱소드
2015년 폴란드에서 개최된 세계대회에
서 개인전 롱소드 부문 3위 획득

| 도요타 신고

재팬 아머드 배틀 리그 '도라코네즈' 팀
소속
서양 검술 경력 6년
특기 무기는 소드&실드
2017년 덴마크에서 개최된 세계 대회
출전

| 세바스찬 롬바르드

프랑스 Top 3에 들어가는 아머드 배틀
팀 '마르텔' 소속
프랑스 팀의 일원으로서 2017년부터
2019년까지 3년 연속으로 세계대회에
출전했으며, 모스크바에서 개최된 다이
나모컵(2019), 모나코 왕자가 주최하는 부
허트 프라임(2019) 등 대회 출전 경력 다
수

| 요코야마 도모노리

서양 검술 경력 11년
특기 무기는 롱소드
평복용 검술 스타일이 특기
2011년 12월 검술대회 롱소드 부문 우승
2012년 2월 검술대회 롱소드 부문 우승
2014년 6월 검술대회 롱소드 부문 우승

참고문헌

이 책에서, 또 캐슬 틴타겔에서 제가 가르치는 것은 중세의 무술 교본(fechtbush)과 그림 자료를 오랫동안 연구한 성과입니다. 그중에서 당신이 스스로 중세 무도를 공부하는 데 특히 도움이 되리라고 생각되는 문헌과 사료를 여기서 소개합니다.

Edelson, Michael. *Cutting with the Medieval Sword: Theory and Application.* CreateSpace Independent Publishing Platform, 2017

Finley, Jessica. *Medieval Wrestling: Modern Practice of a Fifteenth-Century Art.* Freelance Academy Press, 2014

Forgeng, Jeffrey L. *The Medieval Art of Swordsmanship: A Facsimile & Translation of Europe's Oldest Personal Combat Treatise, Royal Armouries MS I.33 (Royal Armouries Monograph). Chivalry Bookshelf, 2010.*

Hagedorn, Dierk.
-- *Jude Lew: Das Fechtbuch Volume 5 of Bibliothek Historischer Kampfk☐nste. VS-BOOKS, 2017*

Hagedorn, Dierk and Walczak, Bartłomiej. *Medieval Armoured Combat: The 1450 Fencing Manuscript from New Haven. Greenhill Books, 2018.*

Hatcher, Colin (Translator) and Mellow, Tracy (Designer). *The Flower of Battle: MS Ludwig XV13. Tyrant Industries, 2017*

Hull, Jeffrey (with Maziarz, Monica: translator, and Zabinski, Grzegorz: translator). *Knightly Duelling: The Fighting Arts of German Chivalry. Paladin Press, 2008.*

Knight, David James. *Polearms of Paulus Hector Mair. Paladin Press, 2008*

Knight, Hugh. *The Gladiatoria Fechtbuch. Null. Null edition 2009*

Marsden, Richard and Winnick, Benjamin. *The Flower of Battle: MS Latin 11269. Tyrant Industries, 2018.*

Meyer, Joachim (translated by Forgeng, Jeffrey). *The Art of Combat: A German Martial Arts Treatise of 1570. Pen & Sword BOOKS, 2014*

Mitchell, Russ. *Basic Body Mechanics for Martial Artists. Independently published, 2018.*

Rector, Mark. *Medieval Combat : A 15th Century Manual of Swordfighting and Close-Quarter Combat. Greenhill Books/Lionel Leventhal, 2000.*

Tobler, Christian Henry.
-- *In Saint George's Name: An Anthology of Medieval German Fighting Arts.*
Freelance Academy Press, 2010
 -- *In the Service of the Duke: The 15th Century Fighting Treatise of Paulus Kal.*
Chivalry Bookshelf, 2006
 -- *Fighting with the German Longsword. Freelance Academy Press; Revised,*
Expanded edition, 2015.
 -- *Secrets of German Medieval Swordsmanship. Chivalry Bookshelf, 2001, 2009*

Wagner, Paul and Hand, Stephen. *Medieval Art of Sword & Shield: The Combat*
System of Royal Armories MS I.33. Chivalry Bookshelf, 2010.

Zabinski, Grzegorz. *The Longsword Teachings of Master Liechtenhauer: The Early*
Sixteenth Century Swordsmanship Comments in the "Goliath" Manuscript.
Wydawnictwo Adam Marszarek. 2014

Zabinski, Grzegorz and Walczak, Bartlomiej. *Codex Wallerstein: A Medieval Fighting*
Book from the Fifteenth Century on the Longsword, Falchion, Dagger, and Wrestling.
Paladin Press, 2002

『도설 서양 갑주 무기 사전』 저자 : 미우라 시게토시(가시와쇼보주식회사 2000년)

마지막으로 Wiktenhaeuer 프로젝트에 대해 말씀드리겠습니다.
Wiktenhaeuer는 중세에 기록된 오리지널 원고와 그 번역을 위한 무료 온라인 홈페이지
입니다. 연구자 커뮤니티에서 이 홈페이지가 얼마나 중요한 위치를 차지하는지는 의심할 여
지가 없습니다. 그 컬렉션이 너무나 방대해서 여기에 전부 적을 수 없기 때문에, 홈페이지 주
소만 표기하도록 하겠습니다.

Wiktenauer : *http://wiktenauer.com*

중세 기사의 전투기술

초판 1쇄 인쇄 2023년 11월 10일
초판 1쇄 발행 2023년 11월 15일

저자 : 제이 에릭 노이즈, 마루야마 무쿠
번역 : 김정규

펴낸이 : 이동섭
편집 : 이민규
디자인 : 조세연
영업 · 마케팅 : 송정환, 조정훈
e-BOOK : 홍인표, 최정수, 서찬웅, 김은혜, 정희철
관리 : 이윤미

㈜에이케이커뮤니케이션즈
등록 1996년 7월 9일(제302-1996-00026호)
주소 : 04002 서울 마포구 동교로 17안길 28, 2층
TEL : 02-702-7963~5 FAX : 02-702-7988
http://www.amusementkorea.co.kr

ISBN 979-11-274-6697-8 13690

VISUAL-BAN CHUSEI KISHI NO BUKIJUTSU by Jay Eric Noyes and Muku Maruyama
Copyright © Jay Eric Noyes, Muku Maruyama, 2020
All rights reserved.
Originally published in Japan by Shinkigensha Co Ltd, Tokyo.

This Korean edition published by arrangement with Shinkigensha Co Ltd, Tokyo
in care of Tuttle-Mori Agency, Inc., Tokyo

창작을 위한 아이디어 자료집

AK 트리비아 시리즈

-AK TRIVIA BOOK

-AK TRIVIA SPECIAL